대바늘로 한코한코 떠가는
레이스 숄

김미정 지음

예신 Books

책머리에…

니터들이라면 꼭 한 번은 떠 보게 되는 레이스 숄….
레이스의 우아함과 아름다움에 매료되어 긴 감동과 여운이 남게 됩니다.
저 또한 첫 레이스 숄을 완성했을 당시의 느낌이 그러했으며 지금도 생생하게 그때의 감동이 떠오르곤 합니다.

하지만 다양한 레이스 숄을 접하게 되면서 한 가지 아쉬운 점이 생기기 시작했습니다. 기초부터 상세히 설명된 레이스 숄에 대한 서적이나 도안의 경우는 거의 외국 작가의 작품들뿐이라는 사실이었습니다. 특히 레이스 숄에 대한 국내 작가의 서적은 단 한 권도 없다는 사실…. 이런 현실에 도전 의식이 생겨나기 시작하더군요. 스키드 숄을 시작으로 하나하나 숄을 만들기 시작했습니다. 영문 도안을 모르는 분들도, 뜨개를 처음 시작하는 초보자 분들도 가벼운 마음으로 다가설 수 있도록 숄을 뜨기 위한 다양한 기법들을 저만의 방식으로 풀어갔습니다. 다소 생소한 뜨개 기법들은 쉬운 이해를 돕기 위해 사진을 첨부하고 상세한 설명을 덧붙였습니다.

책을 준비하면서 정신없는 날들을 보냈던 것 같습니다. 새로운 도전인 만큼 긴장되고 설레는 과정이었습니다. 열심히 준비한 만큼 많은 니터들이 공감할 수 있는 좋은 뜨개 책으로 기억되길 바랍니다.

김미정

Contents

Chapter 1, 2

마블링 사각숄

작품 8 쪽
뜨는 법 34 쪽

마블링 삼각숄

작품 10 쪽
뜨는 법 36 쪽

산책 반원숄

작품 11 쪽
뜨는 법 38 쪽

산책 삼각숄

작품 12 쪽
뜨는 법 40 쪽

산책 스톨

작품 13 쪽
뜨는 법 42 쪽

설렘 반원숄

작품 14 쪽
뜨는 법 44 쪽

송송 반원숄

작품 16 쪽
뜨는 법 46 쪽

스키드 삼각숄

작품 17 쪽
뜨는 법 50 쪽

스키드 스톨

작품 18 쪽
뜨는 법 52 쪽

아지랑이 삼각숄

작품 19 쪽
뜨는 법 54 쪽

아지랑이 스톨

작품 20 쪽
뜨는 법 56 쪽

오솔길 삼각숄

작품 21 쪽
뜨는 법 58 쪽

오솔길 스톨

작품 22 쪽
뜨는 법 60 쪽

은하수 반원숄

작품 24 쪽
뜨는 법 62 쪽

토파즈 삼각숄

작품 25 쪽
뜨는 법 64 쪽

하트 반원숄

작품 26 쪽
뜨는 법 66 쪽

하트 삼각숄

작품 28 쪽
뜨는 법 70 쪽

하트 스톨

작품 29 쪽
뜨는 법 74 쪽

허브 반원숄

작품 30 쪽
뜨는 법 76 쪽

허브 삼각숄

작품 31 쪽
뜨는 법 80 쪽

Chapter 3

유용한 팁 83 쪽

Chapter 4

뜨개 기호 95 쪽

Chapter 1
레이스 숄 작품

마블링

서로 다른 느낌의 색들이 하나로 어우러지며
몽환적인 느낌을 주는 마블링을 표현했다.

마블링 사각숄

사용한 실 : 스펙트라(100g X 2볼) – 바탕색실(A)
　　　　　　빈센트(60g X 1볼) – 배색실(B)
사용한 바늘 : 5mm 대바늘
뜨는 법 : 34쪽

마블링 삼각숄

사용한 실 : 로비(1²/3볼) – 바탕색실(A)
  로비(1¹/3볼) – 배색실(B)
사용한 바늘 : 6mm 대바늘
뜨는 법 : 36쪽

산책

가벼운 발걸음로 나선 산책길… 달콤한 꽃 내음과 산뜻한 풀 내음에 마음이 따뜻해진다.
산책을 나서면서 마음이 좋은 기운으로 충만해지는 그런 느낌을 담았다.

산책 반원숄

사용한 실 : 슈나벨(50g × 1 1/3볼)
사용한 바늘 : 5.5mm 대바늘(시작코), 4mm 대바늘(무늬코)
뜨는 법 : 38쪽

산책 삼각숄

사용한 실 : 빈센트(60g X 2볼)
사용한 바늘 : 5mm 대바늘
뜨는 법 : 40쪽

산책 스톨

사용한 실 : 빈센트(60g X 2¹/3볼)
사용한 바늘 : 4.5mm 대바늘
뜨는 법 : 42쪽

설렘

첫사랑의 두근거림… 순수하고 따뜻한 사랑의 설레는 느낌을 담고 싶었다. 감싸 안은 듯한 하트의 배열로 설렘의 느낌을 표현했다.

설렘 반원숄

사용한 실 : 페어리(20g × 4¼볼)
사용한 바늘 : 7mm 대바늘(시작코), 5.5mm 대바늘(무늬코)
뜨는 법 : 44쪽

송송

처마 끝에 송송 맺힌 빗방울들이 떨어지면서 크고 작은
물방울이 되어 흩어지는 모습을 담았다.

송송 반원숄

- 사용한 실 : 빈센트(60g × 1²/³볼)
- 사용한 바늘 : 5mm 대바늘
- 뜨는 법 : 46쪽

스키드

처음 만들었던 숄… 길 위에 짙게 남겨진 스키드마크처럼
뜨개라는 길 위에 짙은 흔적을 남기고 싶다.

스키드 삼각숄

사용한 실 : 엘프(290m X 2¹/₈볼)

사용한 바늘 : 4mm 대바늘

뜨는 법 : 50쪽

스키드 스톨

사용한 실 : 빈센트(60g × 2 1/4볼)
사용한 바늘 : 5mm 대바늘
뜨는 법 : 52쪽

아지랑이

따뜻한 봄날… 물결치듯 피어오르는
아지랑이의 느낌을 담았다.

아지랑이 삼각숄

사용한 실 : 키드 모헤어(20g X 2½볼)
사용한 바늘 : 4.5mm 대바늘
뜨는 법 : 54쪽

아지랑이 스톨

사용한 실 : 페어리(20g × 8볼)
사용한 바늘 : 5mm 대바늘
뜨는 법 : 56쪽

오솔길

고요하고 아늑한 오솔길을 걸으며,
흐드러지게 피어 있는 이름 모를 꽃들과
동화되는 느낌을 표현했다.

오솔길 삼각숄

사용한 실 : 킹 베이비 라마 & 멀베리 실크(100g X 2타래)
사용한 바늘 : 6mm 대바늘
뜨는 법 : 58쪽

오솔길 스톨

사용한 실 : 키드 모헤어(20g X 2²/₃볼)
사용한 바늘 : 4.5mm 대바늘
뜨는 법 : 60쪽

은하수

무심히 올려다본 밤하늘에 쏟아질 듯 흐르는
은하수를 보며 가슴 벅찼던 순간을 표현했다.

은하수 반원숄

사용한 실 : 올리브(50g × 2볼)
사용한 바늘 : 5.5mm 대바늘(시작코), 4mm 대바늘(무늬코)
뜨는 법 : 62쪽

토파즈

맑고 아름다운 빛을 가진 토파즈… 소박하지만
기품 있고 화사한 토파즈의 느낌을 담았다.

토파즈 삼각숄

사용한 실 : 소나기(50g × 3볼)와 스팡클(3볼)을 합사
사용한 바늘 : 5.5mm 대바늘
뜨는 법 : 64쪽

하트

바라만 봐도 하트가 송송~~ 날아올 것 같은
길게 늘어뜨려진 하트 무늬… 무늬만큼 많은 사람에게
사랑을 받길 바란다.

하트 반원숄

사용한 실 : 페어리(20g × 6볼)
사용한 바늘 : 5.5mm 대바늘
뜨는 법 : 66쪽

하트 삼각숄

사용한 실 : 빈센트(60g × 2¹/₄볼)
사용한 바늘 : 5mm 대바늘
뜨는 법 : 70쪽

하트 스톨

사용한 실 : 다누베(40g X 3볼)
사용한 바늘 : 4mm 대바늘
뜨는 법 : 74쪽

허브

아침 이슬을 머금은 향긋한 허브 잎… 살랑살랑 불어오는 바람에 상쾌한 아침을 열게 해 주는 상큼함을 표현했다.

허브 반원숄

사용한 실 : 킹 베이비 라마 & 멀베리 실크(100g X 2타래)
사용한 바늘 : 6mm 대바늘
뜨는 법 : 76쪽

허브 삼각숄

사용한 실 : 슈나벨(50g × 1²/³볼)
사용한 바늘 : 4mm 대바늘
뜨는 법 : 80쪽

Chapter 2
작품 도안

8쪽
마블링 사각숄

사용한 실 : 스펙트라(100g X 2볼) - 바탕색실(A)
　　　　　　 빈센트(60g X 1볼) - 배색실(B)
사용한 바늘 : 5mm 대바늘

도안

♥1　A실을 이용하여 원형코 만들기(Tip 1-4 참고)로 12코를 만든다. 이 숄은 계속 원통으로 뜬다.

♥2　Base Chart - 아래 도안처럼 1~7단을 뜬다(총 40코).
　　※ '2단 끌어올려 꼬아뜨기'를 할 때는, 실의 꼬임 방향을 한 방향으로 통일해서 뜨며, '무늬 양끝에서 바늘비우기 하여 코를 늘리고, 다음 단에서 꼬아뜨기'를 할 때는 Tip 3의 설명처럼 한다.

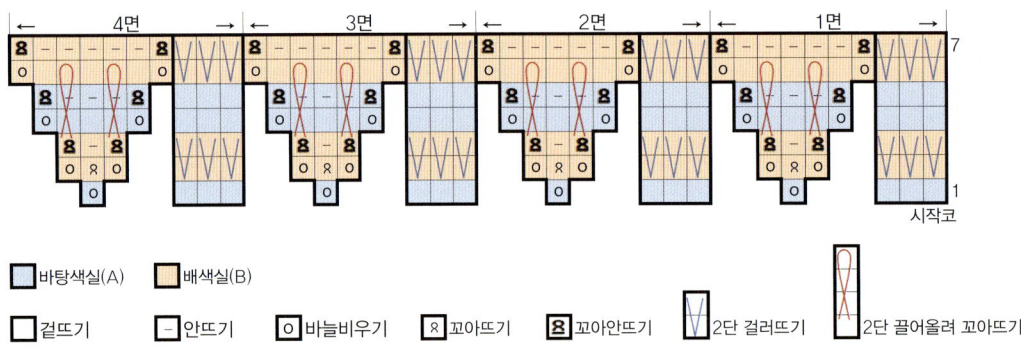

　☐ 바탕색실(A)　　☐ 배색실(B)
　☐ 겉뜨기　　- 안뜨기　　O 바늘비우기　　⅛ 꼬아뜨기　　⅛ 꼬아안뜨기　　∨∨ 2단 걸러뜨기　　⋈ 2단 끌어올려 꼬아뜨기

① 1단 : A실로 (겉뜨기3+바늘비우기1) X 4회
② 2단 : B실로 (걸러뜨기3+바늘비우기1+꼬아뜨기+바늘비우기1) X 4회
③ 3단 : B실로 (걸러뜨기3+꼬아안뜨기1+안뜨기1+꼬아안뜨기1) X 4회
④ 4단 : A실로 (겉뜨기3+바늘비우기1+겉뜨기3+바늘비우기1) X 4회
⑤ 5단 : A실로 (겉뜨기3+꼬아안뜨기1+안뜨기3+꼬아안뜨기1) X 4회
⑥ 6단 : B실로 (걸러뜨기3+바늘비우기1+겉뜨기1+3단의 안뜨기코를 꼬아 끌어올려 함께 겉뜨기1+
　　　　겉뜨기1+3단의 안뜨기코를 꼬아 끌어올려 함께 겉뜨기1+겉뜨기1+바늘비우기1) X 4회
⑦ 7단 : B실로 (걸러뜨기3+꼬아안뜨기1+안뜨기5+꼬아안뜨기1) X 4회

♥3　Main Chart - 아래의 1~8단을 14회 반복한다(총 488코).

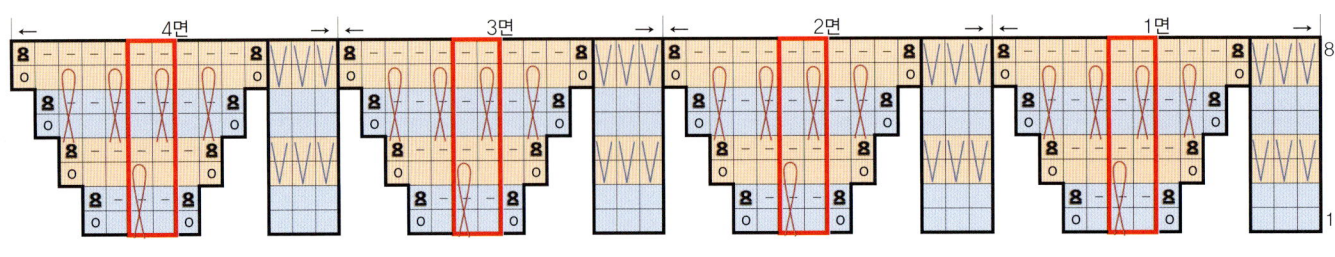

　☐ 반복(Tip 9 참고)

♥4 Edge Chart - 아래의 1~40단을 1회 뜬다. 이번에는 1면의 도안만 표기된다(총 648코).
   ※ Edge Chart의 2~4면은 1면과 동일하게 뜨며, A실로만 뜬다.

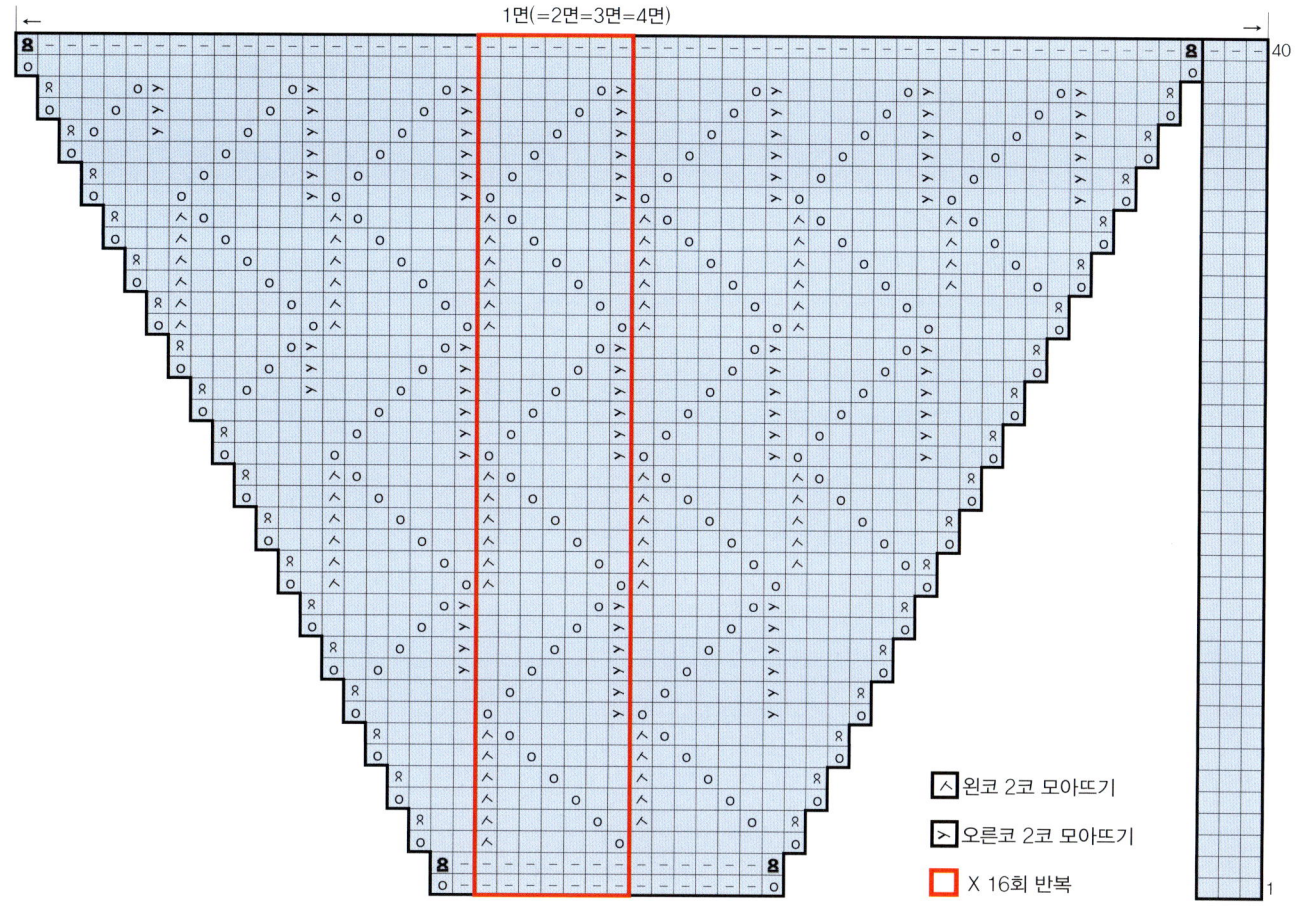

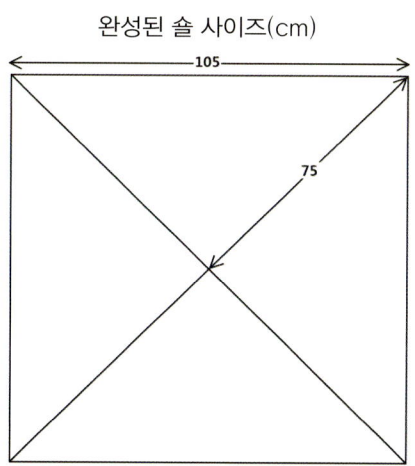

완성된 숄 사이즈(cm)

♥5 코막음
   모든 코들을 겉뜨기로 한 단 뜬다(겉면).
   다음 단(겉면)에서 이중 안뜨기 코막음(Tip 2-3 참고)으로 코막음하여 마무리한다.

♥6 완성된 사각숄을 블로킹(Tip 10 참고)한다.

10쪽
마블링 삼각숄

사용한 실 : 로비(1²/₃볼) – 바탕색실(A)
　　　　　로비(1¹/₃볼) – 배색실(B)
사용한 바늘 : 6mm 대바늘

도안

♥1 양쪽 가장자리코 각 3코씩, 무늬코 5코(총 11코)를, 숄 시작코 만들기(Tip 1-2 참고)의 방법으로 만드는데, 아래 설명처럼 배색을 하면서 코를 만들어 준다.

① B실을 이용하여, 양방향 3코 만들기(Tip 1-1 참고)로 본바늘에 3코를 잡아 겉뜨기로 한 단 뜬다(1단).
② A실을 연결하여 가터뜨기가 되도록 겉뜨기 두 단을 뜬다(3단).
③ B실로 가터뜨기가 되도록 겉뜨기 두 단을 뜬다(5단).
④ A실로 가터뜨기가 되도록 겉뜨기 두 단을 뜬다(7단).
⑤ B실로 가터뜨기가 되도록 겉뜨기 두 단을 뜬다(9단).
⑥ A실로 가터뜨기가 되도록 겉뜨기 한 단을 뜬다(10단).
⑦ 계속해서 A실로 왼쪽 옆단에서 5코를 줍고, 보조바늘의 3코를 뜬다.

※ A실과 B실을 바꿔 줄 때는, 앞서 뜬 실을 편물 앞쪽에 두고 바꿔 뜨는 실을 뒤쪽에 놓고 뜬다.
(이렇게 해야 실이 교차되는 오른쪽 가장자리 부분이 자연스럽게 된다)

♥2 Base Chart – 아래 도안처럼 1~7단을 뜬다(총 29코).
※ 일반 꼬아뜨기할 때도 코의 꼬임 방향에 유의한다(Tip 3 참고).

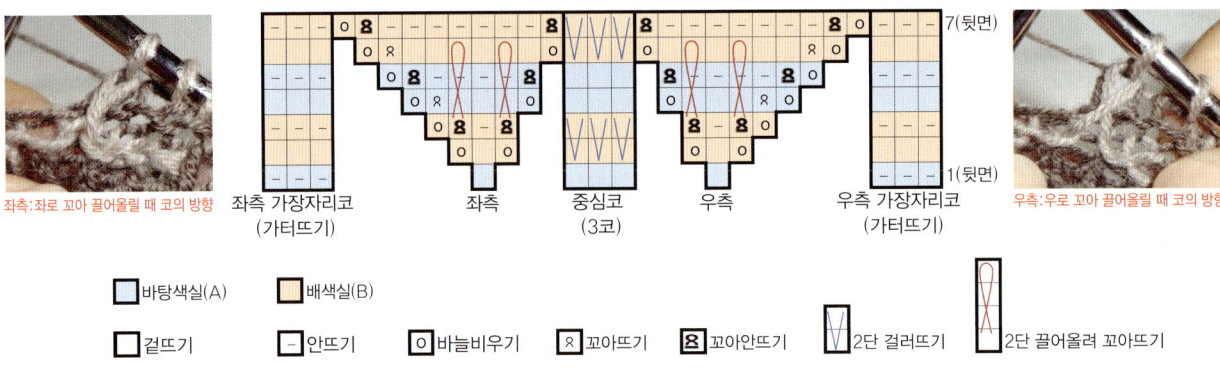

① 1단(뒷면-A실) : 겉뜨기3+안뜨기5+겉뜨기3
② 2단(겉면-B실) : 겉뜨기3+(바늘비우기1+겉뜨기1+바늘비우기1)+걸러뜨기3+(바늘비우기1+겉뜨기1+바늘비우기1)+겉뜨기3
③ 3단(뒷면-B실) : 겉뜨기3+(바늘비우기1+꼬아뜨기1+겉뜨기1+꼬아뜨기1)+걸러뜨기3+(꼬아뜨기1+겉뜨기1+꼬아뜨기1+바늘비우기1)+겉뜨기3
④ 4단(겉면-A실) : 겉뜨기3+(바늘비우기1+꼬아뜨기1+겉뜨기3+바늘비우기1)+겉뜨기3+(바늘비우기1+겉뜨기3+꼬아뜨기1+바늘비우기1)+겉뜨기3
⑤ 5단(뒷면-A실) : 겉뜨기3+(바늘비우기1+꼬아뜨기1+겉뜨기4+꼬아뜨기1)+안뜨기3+(꼬아뜨기1+겉뜨기4+꼬아뜨기1+바늘비우기1)+겉뜨기3
⑥ 6단(겉면-B실) : 겉뜨기3+(바늘비우기1+꼬아뜨기1+겉뜨기2+3단의 코를 우로 꼬아 끌어올려 함께 겉뜨기1+겉뜨기1+3단의 코를 우로 꼬아 끌어올려 함께 겉뜨기1+겉뜨기1+바늘비우기1)+걸러뜨기3+(바늘비우기1+겉뜨기1+3단의 코를 좌로 꼬아 끌어올려 함께 겉뜨기1+겉뜨기1+3단의 코를 좌로 꼬아 끌어올려 함께 겉뜨기1+겉뜨기2+꼬아뜨기1+바늘비우기1)+겉뜨기3
⑦ 7단(뒷면-B실) : 겉뜨기3+(바늘비우기1+꼬아뜨기1+겉뜨기7+꼬아뜨기1)+걸러뜨기3+(꼬아뜨기1+겉뜨기7+꼬아뜨기1+바늘비우기1)+겉뜨기3

♥3 Main Chart - 아래의 1~8단을 9회 반복한다(총 245코).
※ '일반 꼬아뜨기'할 때는 코의 꼬임 방향을 Tip 3처럼 하며, '2단 끌어올려 꼬아뜨기'할 때는(Base Chart 사진 참고),
우측은 우로 꼬아 끌어올리고, 좌측은 좌로 꼬아 끌어올려 준다.

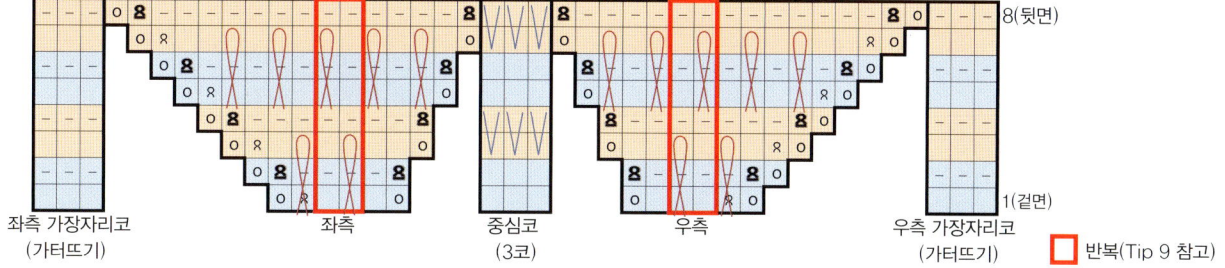

♥4 Edge Chart I - 아래 도안과 같이 1~24단까지 1회 뜬다. 이번에는 우측 도안만 표기된다(총 317코).
※ 중심코를 중심으로, 좌측은 우측의 무늬와 대칭이 되도록 뜬다.

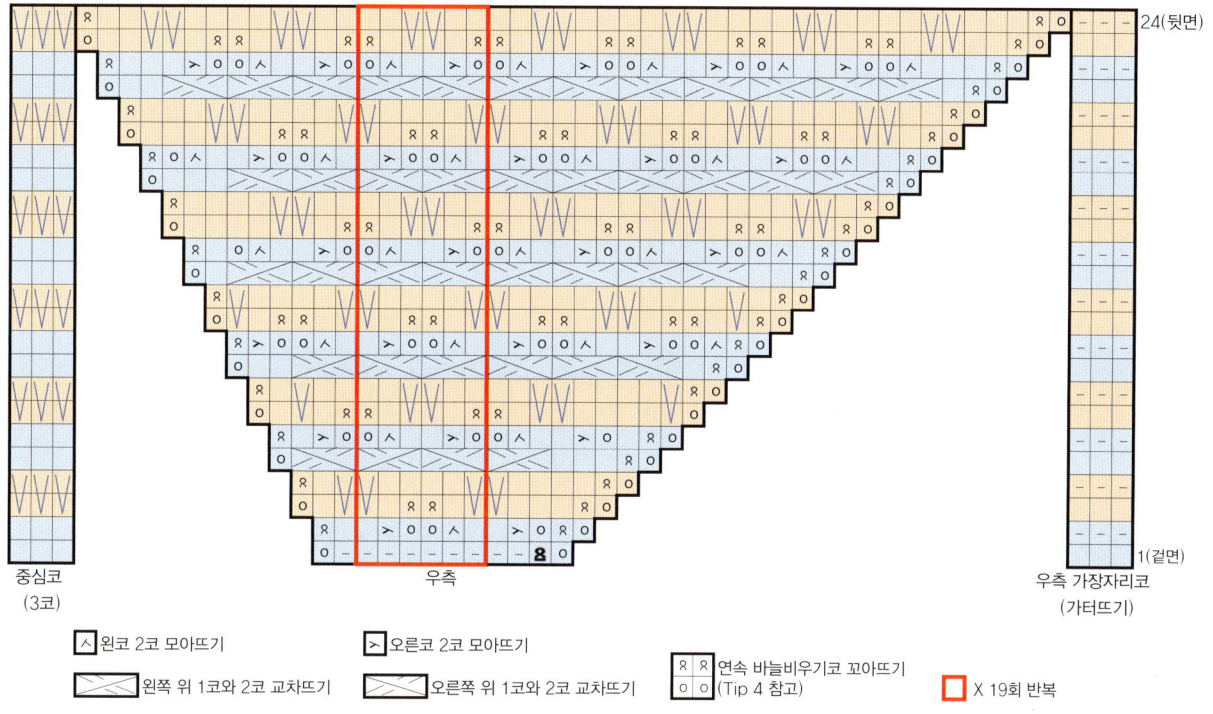

♥5 Edge Chart II - 아래 도안과 같이 1~6단까지 1회 뜬다(총 327코).
※ Edge Chart II부터 코막음할 때까지 모두 A실로만 뜬다.

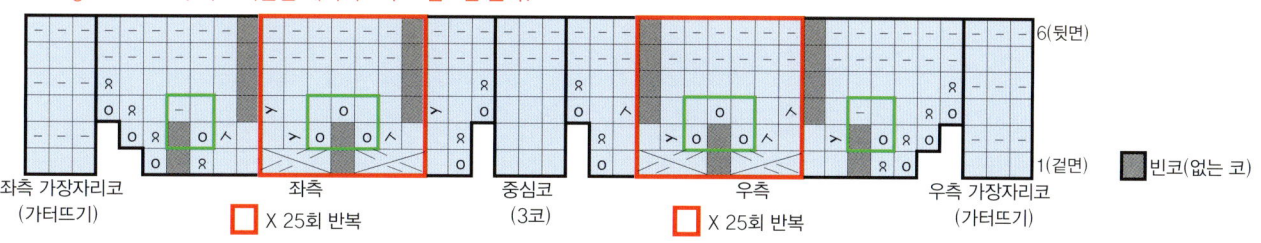

● 패턴 배우기

[바늘비우기 1코를 2코로 늘리기]
① 2단(뒷면) : 바늘비우기로 한 코를 만든다.
② 3단(겉면) : <(겉뜨기+안뜨기)하여 2코로 늘리기(Tip 8 참고)> 방법으로 코를 2코로 늘려 준다.

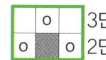

[바늘비우기 2코를 3코로 늘리기]
① 2단(뒷면) : 바늘에 실을 두 번 감아 준다(연속 바늘비우기).
② 3단(겉면) : 2단에서 두 번 감아 준 코를 풀어 한 개의 코로 만들고(코의 구멍이 넓어진다),
  그 코에 (겉뜨기+바늘비우기+겉뜨기)하여 3코로 늘려 준다.
  '겉뜨기+바늘비우기+겉뜨기'의 방법은 Tip 7의 방울 만들기 방법을 참고한다.

♥6 코막음
모든 코들을 겉뜨기로 한 단 뜬다(겉면).
다음 단(뒷면)에서 이중 겉뜨기 코막음(Tip 2-2 참고)으로 코막음하여 마무리한다.

♥7 완성된 삼각숄을 블로킹(Tip 10 참고)한다.

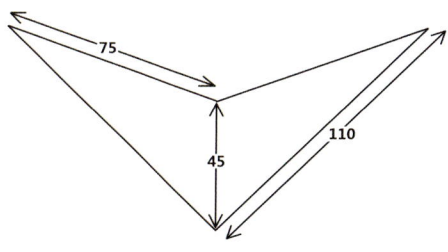

완성된 숄 사이즈(cm)

11쪽

산책 반원숄

사용한 실 : 슈나벨(50g X 1⅓볼)
사용한 바늘 : 5.5mm 대바늘(시작코), 4mm 대바늘(무늬코)

도안

♥1 5.5mm 대바늘을 이용하여, 연속코 만들기(Tip 1-3 참고)로 485코를 만든다.

♥2 Edge Chart I – 아래 도안과 같이 뜬다(총 365코).
※ Edge Chart부터는 4mm 대바늘로 바꿔 뜬다.

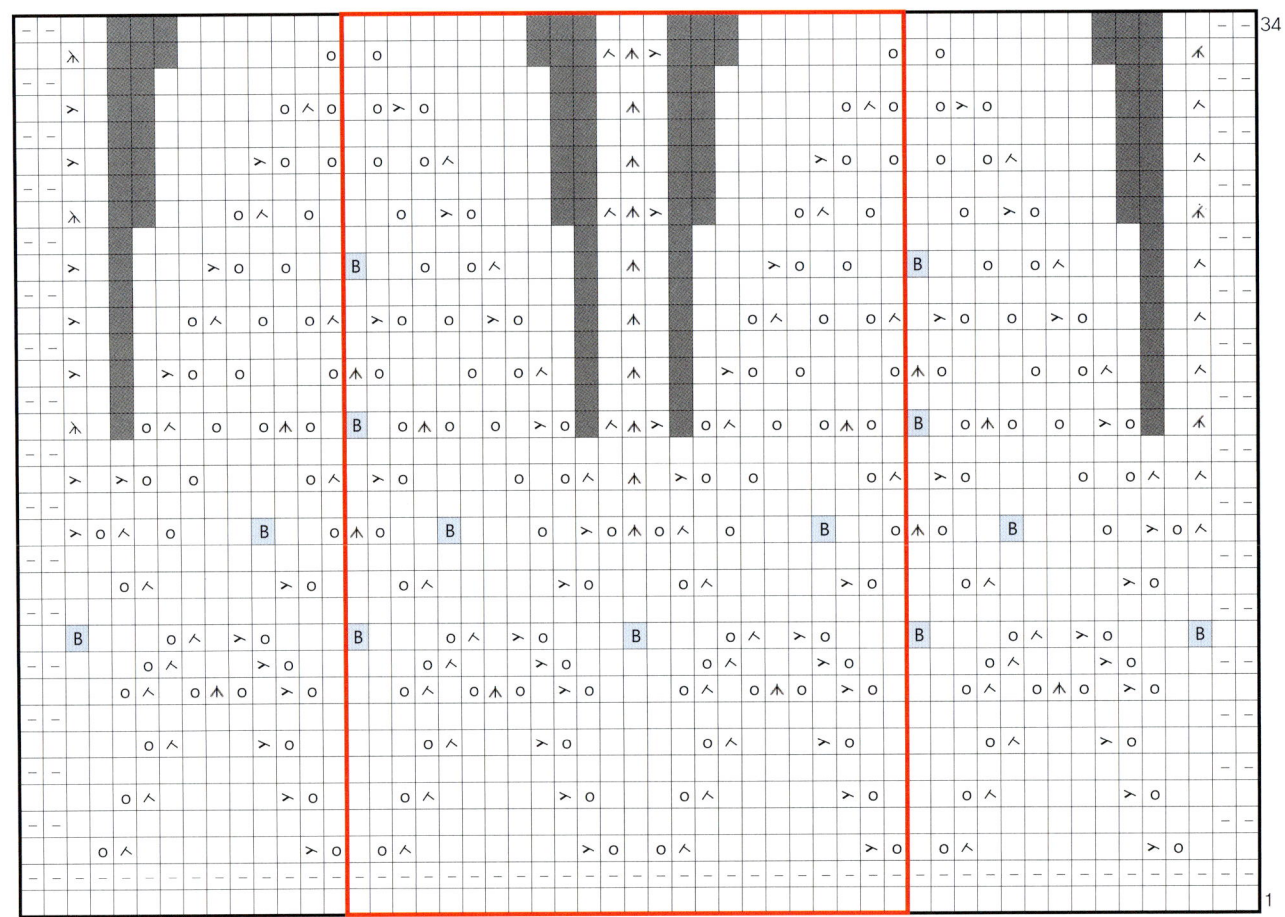

♥3 Edge Chart II - 아래 도안과 같이 뜬다(총 325코).

□ X 19회 반복

♥4 Main Chart(⩘ 왼코 2코 모아안뜨기)
① 45단(겉면) : 모든 코들을 겉뜨기로 한 단 뜬다.
② 46단(뒷면) : 안뜨기로 173코를 뜬다. 이때 남은 152코는 왼쪽 바늘에 그대로 둔 채로 편물을 돌려 준다(우측 터닝포인트).
③ 47단(겉면) : 겉뜨기로 21코를 뜨고 편물을 돌려 준다(좌측 터닝포인트).
④ 48단(뒷면) : (앞의 우측 터닝포인트 전 1코 남기고 안뜨기 + 다음 2코를 '왼코 2코 모아안뜨기' + 안뜨기 3코)를 뜨고 편물을 돌려 준다(우측 터닝포인트).
⑤ 49단(겉면) : (앞의 좌측 터닝포인트 전 1코 남기고 겉뜨기 + 다음 2코를 '오른코 2코 모아뜨기' + 겉뜨기 3코)를 뜨고 편물을 돌려 준다(좌측 터닝포인트).
⑥ 모든 코들이 없어질 때까지 ④와 ⑤를 번갈아 가며 반복한다. 이때 마지막 단은 123단(겉면)에서 끝난다(총 249코).
⑦ 124단(뒷면) : 모든 코들을 겉뜨기로 한 단 뜬다.

♥5 코막음
모든 코들을 겉뜨기로 한 단 뜬다(겉면).
다음 단(뒷면)에서 겉뜨기로 덮어씌워 코막음(Tip 2-1 참고)한다.

♥6 완성된 반원숄을 블로킹(Tip 10 참고)한다.

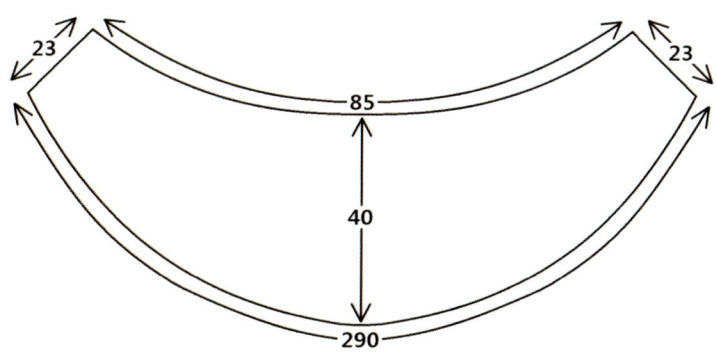

완성된 숄 사이즈(cm)

12쪽
산책 삼각숄

사용한 실 : 빈센트(60g X 2볼)
사용한 바늘 : 5mm 대바늘

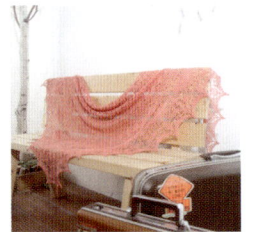

도안

♥1 숄 시작코 만들기(Tip 1-2 참고)
양방향 3코 만들기로 본바늘에 3코를 잡아 가터뜨기 6단을 뜬 후, 단 왼쪽 면에서 무늬코가 될 3코를 줍고, 보조바늘의 3코를 겉뜨기로 떠 총 9코를 만든다.

♥2 Base Chart - 아래 도안과 같이 1~16단까지 1회 뜬다(총 41코).

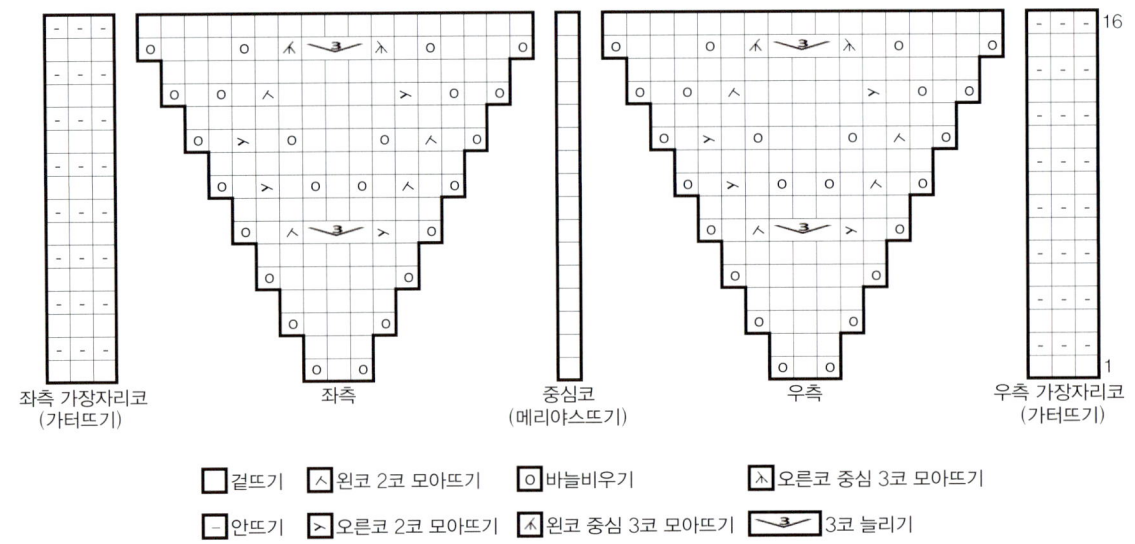

♥3 Main Chart - 아래의 1~12단을 8회 반복한다(총 233코).

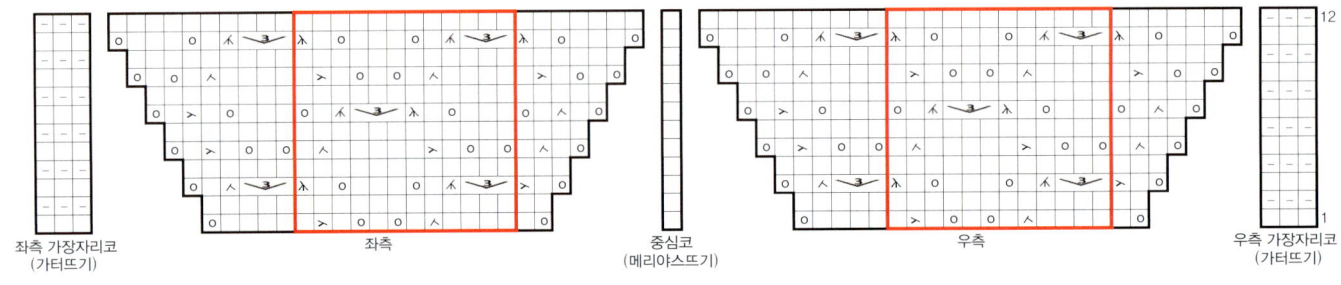

♥4 Edge Chart I - 아래의 1~12단을 1회 떠 준다(총 257코).

♥5 Edge Chart II - 아래의 1~34단을 1회 떠 주며, 이번에는 우측 도안만 표기된다(총 325코).
※ 좌우 양쪽 가장자리의 3코씩(총 6코)은 계속 가터뜨기로, 중심코(1코)는 메리야스뜨기로, 좌측은 우측 무늬와 동일하게 뜬다.

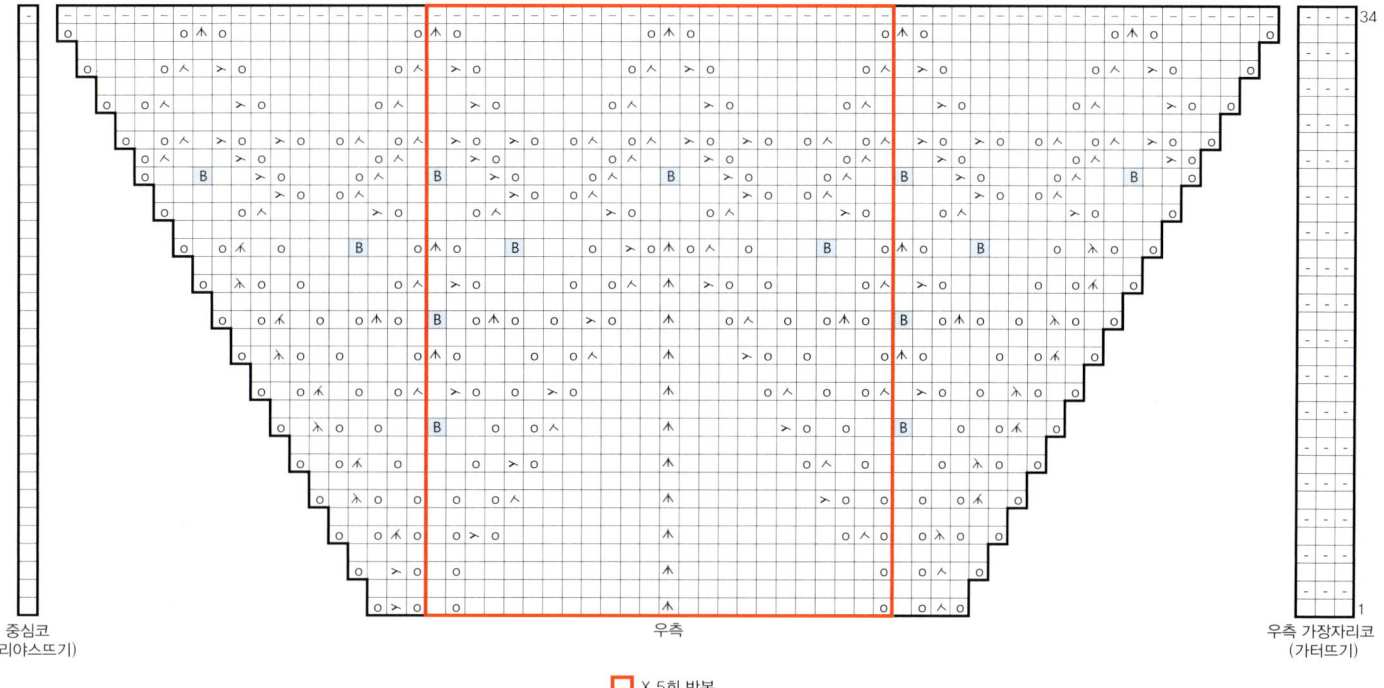

♥6 코막음
모든 코들을 겉뜨기로 한 단 뜬다(겉면).
다음 단(뒷면)에서 이중 겉뜨기 코막음(Tip 2-2 참고)으로 코막음하여 마무리한다.

♥7 완성된 삼각숄을 블로킹(Tip 10 참고)한다.

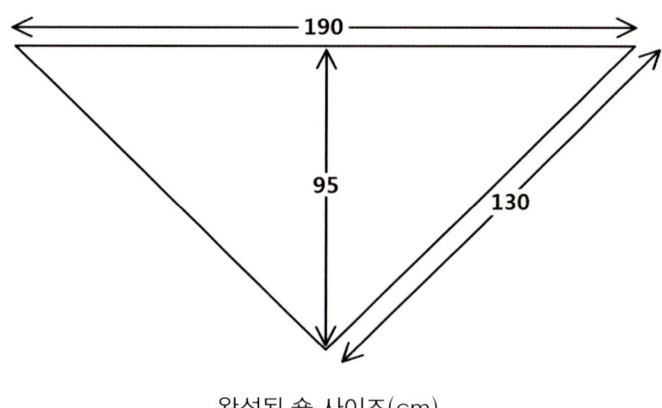

완성된 숄 사이즈(cm)

13쪽
산책 스톨

사용한 실 : 빈센트(60g X 2⅓볼)
사용한 바늘 : 4.5mm 대바늘

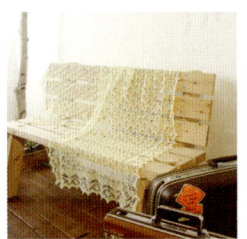

도안

♥1 양방향 71코 만들기(Tip 1-1 참고)로 본바늘에 71코(이 코들은 첫 번째 단이 된다)를 잡아, 아래 도안처럼 두 번째 단을 뜬다
(양방향으로 코를 만든 후 본바늘의 71코를 먼저 뜨며, 보조바늘의 71코는 쉼코로 걸어 둔다).

↑ 진행 방향   □ 겉뜨기

♥2 아래 도안 1~8단을 46회 뜬다.

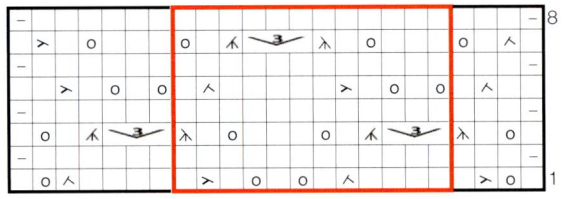

- □ 안뜨기
- ∧ 왼코 2코 모아뜨기
- ＞ 오른코 2코 모아뜨기
- □ X 5회 반복(Tip 9 참고)
- ○ 바늘비우기
- ⋏ 왼코 중심 3코 모아뜨기
- ⋌ 오른코 중심 3코 모아뜨기
- ⌣ 3코 늘리기

♥3 앞서 뜬 편물의 전체 면에서 다음 설명처럼 코를 주워 원통으로 무늬뜨기한다(아래의 사진을 참고한다).

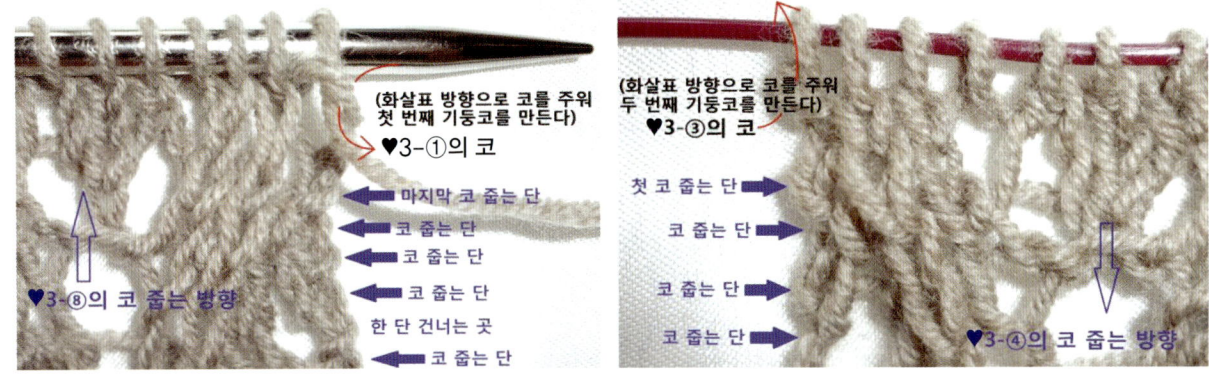

① 첫 코가 걸려 있는 마지막 안뜨기 단에서 1코를 끌어올린다. 이 코는 첫 번째 기둥코가 된다(1코).

② 바늘비우기1+겉뜨기71+바늘비우기1(총 74코)

③ 옆면의 첫 안뜨기 단에서 1코를 끌어올린다. 이 코는 두 번째 기둥코가 된다(총 75코).

④ 바늘비우기1 + 한 단 건너 다음 4단에서 4코 줍기 + (한 단 건너 다음 3단에서 3코 줍기 X 89회) +
한 단 건너 다음 4단에서 4코 줍기 + 바늘비우기1(총 352코)

※ 무늬뜨기를 위해 단에서 코를 주울 때는 모든 안뜨기단, 겉뜨기단을 헤아려 줍는다(반드시 안뜨기단에서만 코를 줍는 것이 아니다).

⑤ 한 단 건너 다음 단에서 1코 주워 준다. 이 코는 세 번째 기둥코가 된다(총 353코).

⑥ ♥1에서 쉼코로 걸어 둔 보조바늘의 코들을 ②의 방법과 동일하게 뜬다(총 426코).

⑦ 옆면의 첫 안뜨기 단에서 1코를 끌어올린다. 이 코는 네 번째 기둥코가 된다(총 427코).

⑧ ④와 동일한 방법으로 코를 줍는다(총 704코).

♥4 아래 도안을 보고 4면을 원통뜨기로 뜬다(계속 겉면에서 뜨게 된다). 매 단의 첫 코는 ♥3-①의 기둥코가 된다(총 768코).

♥5 코막음
모든 코들을 겉뜨기로 한 단 뜬다(겉면).
다음 단(겉면)에서 이중 안뜨기 코막음(Tip 2-3 참고)으로 코막음하여 마무리한다.

♥6 완성된 스톨을 블로킹(Tip 10 참고)한다.

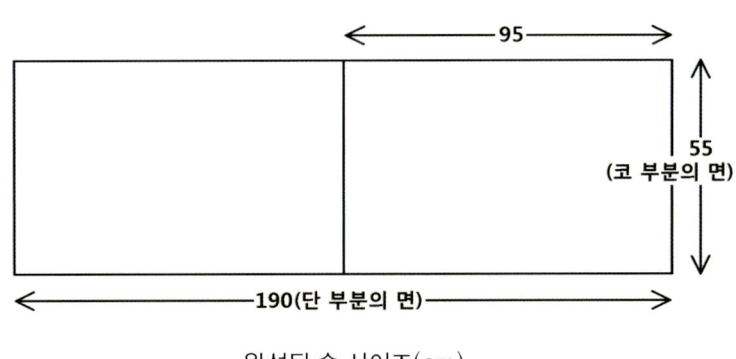

완성된 숄 사이즈(cm)

14쪽

설렘 반원숄

사용한 실 : 페어리(20g × 4¼볼)
사용한 바늘 : 7mm 대바늘(시작코), 5.5mm 대바늘(무늬코)

도안

♥1 7mm 대바늘을 이용하여, 연속코 만들기(Tip 1-3 참고)로 375코를 만든다.

♥2 Edge Chart I - 아래 도안과 같이 뜬다(총 291코).
　　※ Edge Chart부터는 5.5mm 대바늘로 바꿔 뜬다.

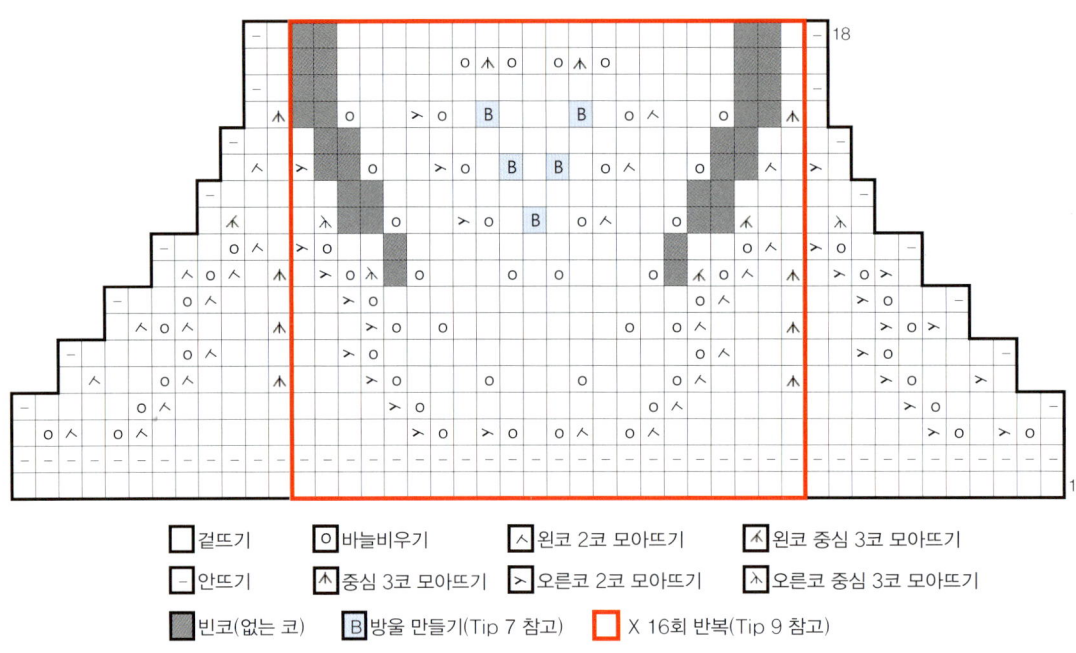

♥3 Edge Chart II - 아래 도안과 같이 뜬다(총 227코).

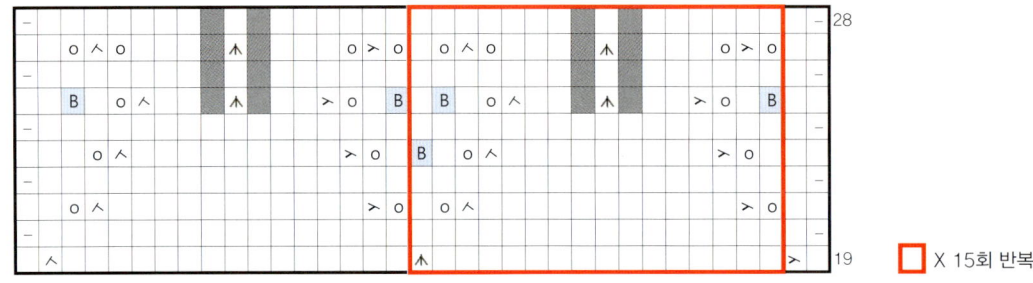

♥4 Main Chart(⊠ 왼코 2코 모아안뜨기)
① 29단(겉면) : 모든 코들을 겉뜨기로 한 단 뜬다.
② 30단(뒷면) : 안뜨기로 125코를 뜬다. 이때 남은 102코는 왼쪽 바늘에 그대로 둔 채로 편물을 돌려 준다(우측 터닝포인트).
③ 31단(겉면) : 겉뜨기로 23코를 뜨고 편물을 돌려 준다(좌측 터닝포인트).
④ 32단(뒷면) : (앞의 우측 터닝포인트 전 1코 남기고 안뜨기 + 다음 2코를 '왼코 2코 모아안뜨기' + 안뜨기 2코)를 뜨고 편물을 돌려 준다(우측 터닝포인트).
⑤ 33단(겉면) : (앞의 좌측 터닝포인트 전 1코 남기고 겉뜨기 + 다음 2코를 '오른코 2코 모아뜨기' + 겉뜨기 2코)를 뜨고 편물을 돌려 준다(좌측 터닝포인트).
⑥ 모든 코들이 없어질 때까지 ④와 ⑤를 번갈아 가며 반복한다. 이때 마지막 단은 99단(겉면)에서 끝난다(총 159코).
⑦ 100단(뒷면) : 모든 코들을 겉뜨기로 한 단 뜬다.

♥5 코막음
모든 코들을 겉뜨기로 한 단 뜬다(겉면).
다음 단(뒷면)에서 겉뜨기로 덮어씌워 코막음(Tip 2-1 참고)한다.

♥6 완성된 반원숄을 블로킹(Tip 10 참고)한다.

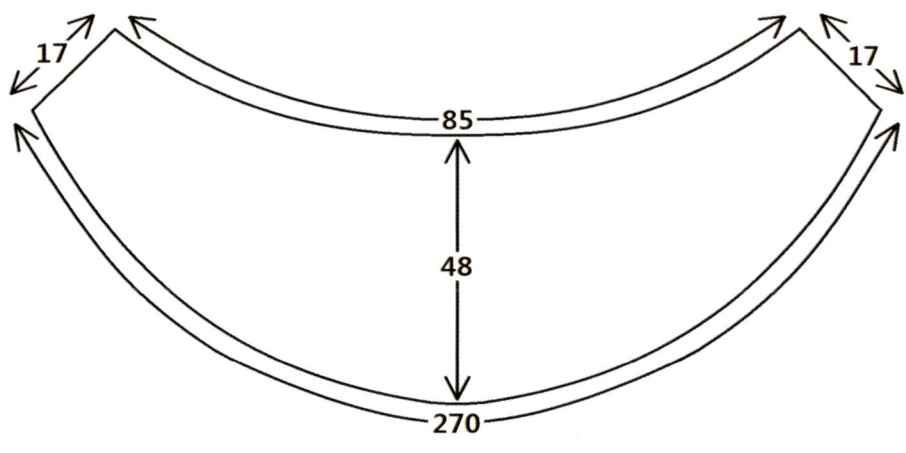

완성된 숄 사이즈(cm)

16쪽

송송 반원숄

사용한 실 : 빈센트(60g X 1²/₃볼)
사용한 바늘 : 5mm 대바늘

도안

♥1 숄 시작코 만들기(Tip 1-2 참고)
    양방향 3코 만들기로 본바늘에 3코를 잡아 가터뜨기 8단을 뜬 후, 단 왼쪽 면에서 무늬코가 될 4코를 줍고, 보조바늘의 3코를 겉뜨기로 떠 총 10코를 만든다.

♥2 Main Chart I - 아래 도안과 같이 뜬다.
    ① ♥1에서 만든 10코로 아래의 도안 1~24단을 뜬다(총 70코).

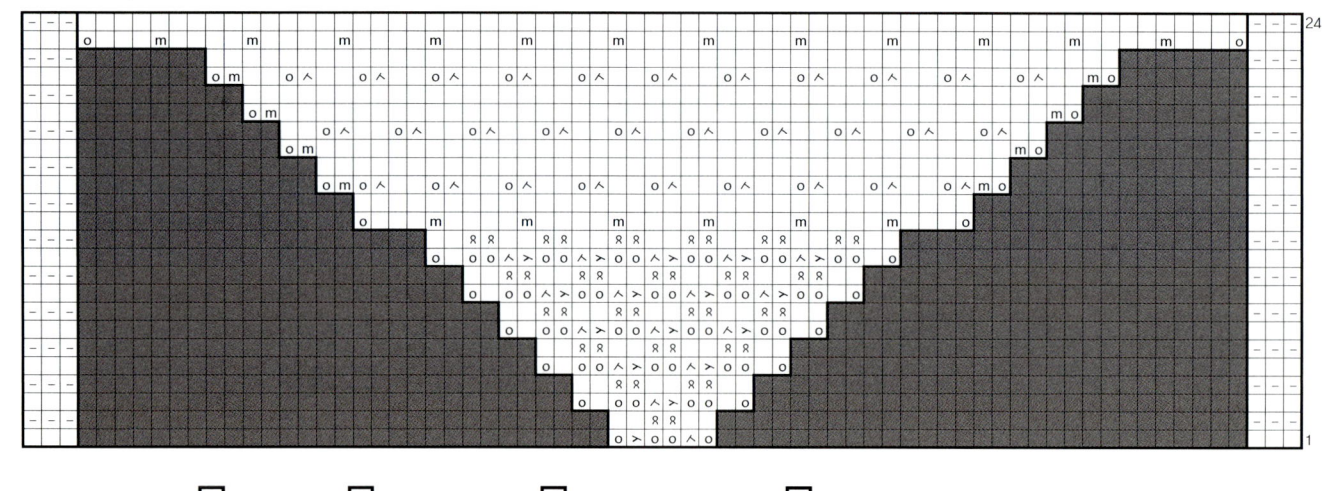

□ 겉뜨기   o 바늘비우기   ∧ 왼코 2코 모아뜨기   m 단에서 끌어올려 코 만들기(Tip 5 참고)
− 안뜨기   ■ 빈코(없는 코)   > 오른코 2코 모아뜨기   연속 바늘비우기코 꼬아뜨기(Tip 4 참고)

② 코 늘리기(총 92코)

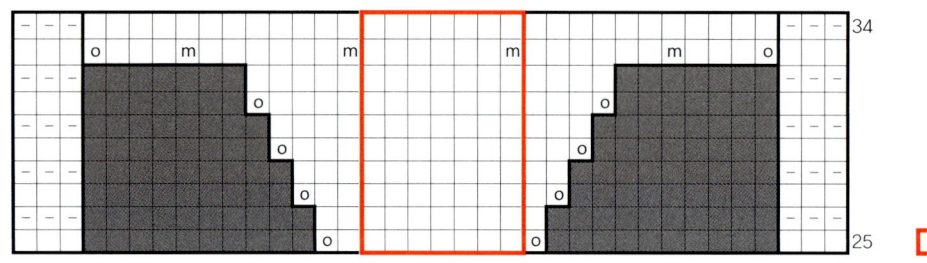

☐ X 9회 반복(Tip 9 참고)

46

♥3 Main Chart II - 아래 도안과 같이 뜬다.

① 연속 바늘비우기 무늬(총 116코)

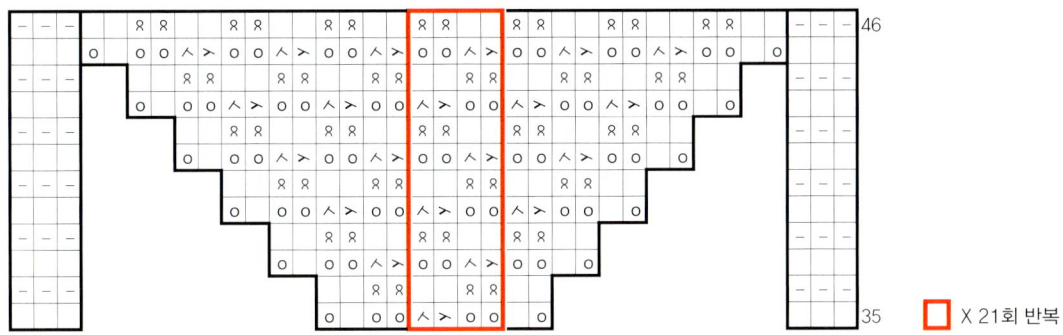

② 코 늘리기(총 128코)

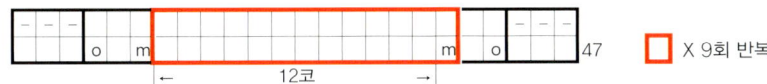

③ 구멍 무늬(총 144코)

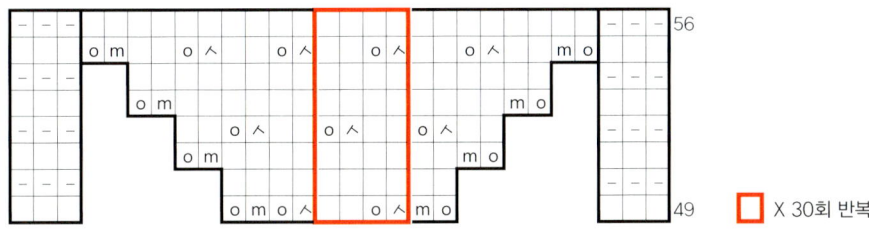

④ 코 늘리기(총 150코)

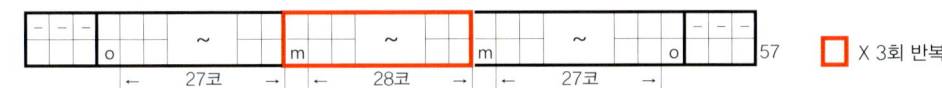

⑤ 메리야스단(총 164코)

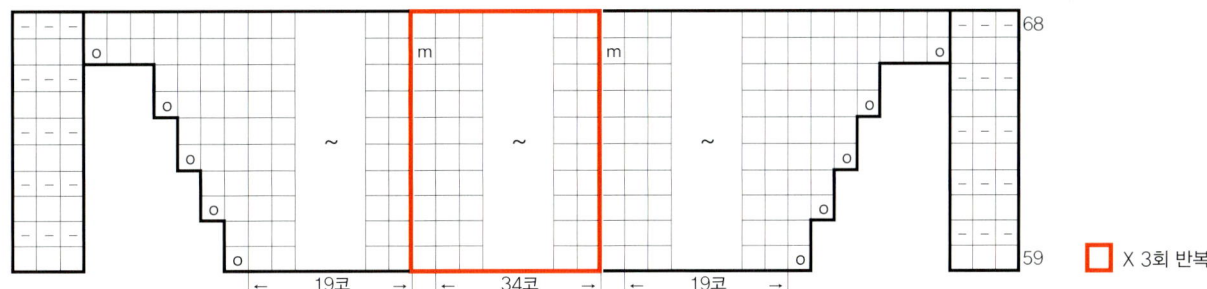

♥4 Main Chart III - 아래 도안과 같이 뜬다.

① 연속 바늘비우기 무늬(총 188코)

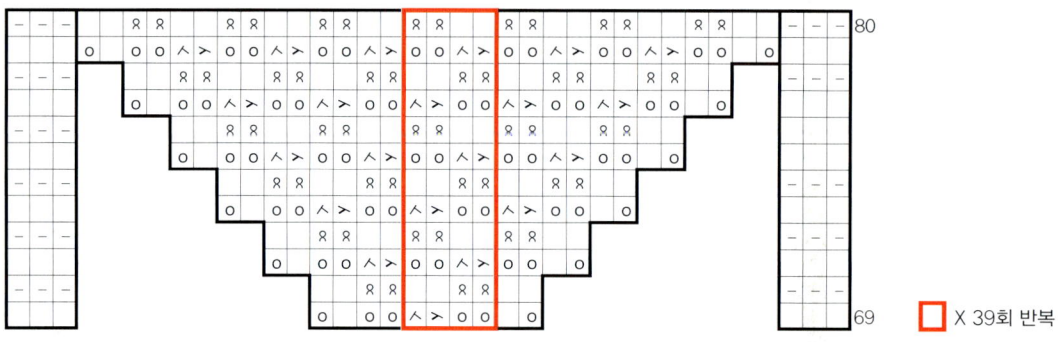

X 39회 반복

② 코 늘리기(총 204코)

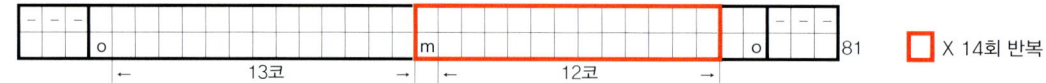

X 14회 반복

③ 구멍 무늬(총 220코)

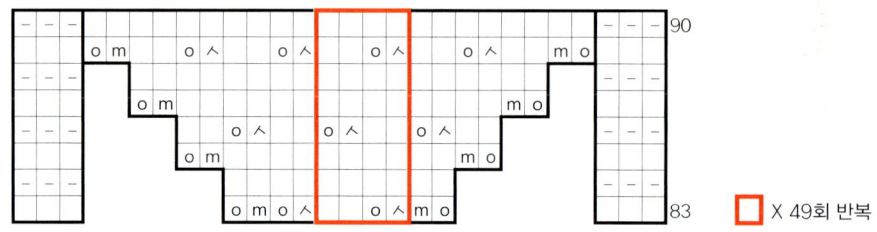

X 49회 반복

④ 메리야스단(총 244코)

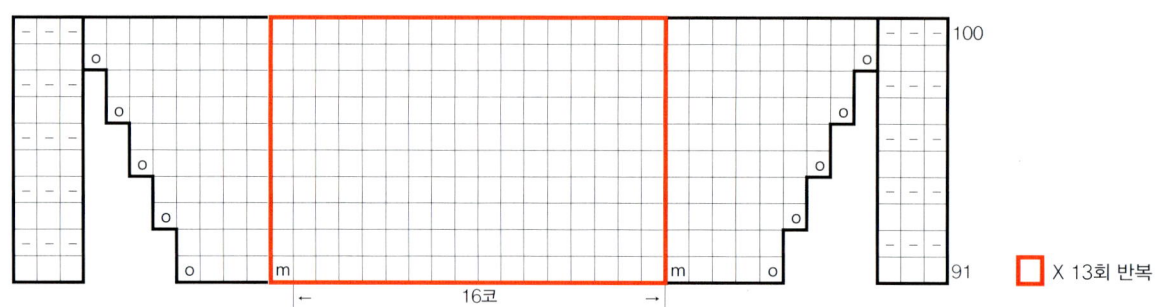

X 13회 반복

⑤ 메리야스단(총 267코)

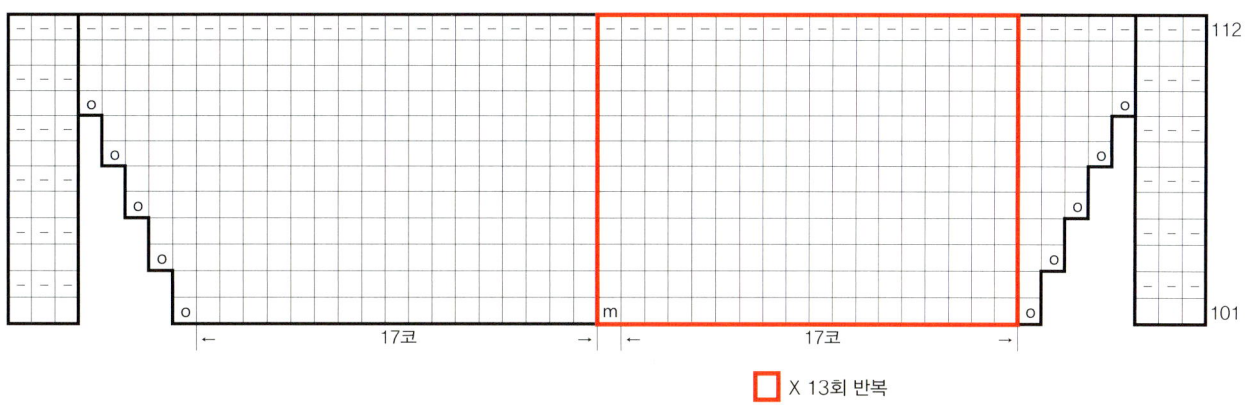

□ X 13회 반복

♥5 Ruffle Chart

① 첫 코 겉뜨기 + <{다음 1코에 (겉뜨기+안뜨기)하여 2코로 늘리기/Tip 8 참고} + 다음 1코 겉뜨기> X 133회 반복(총 400코).

② 매 단마다 첫 3코씩 걸러뜨기하면서, 모든 코들을 겉면이 겉뜨기가 되도록 메리야스뜨기로 17단을 뜬다(Ruffle Chart부터는 가터 뜨기를 하던 가장자리코들도 모두 메리야스뜨기가 된다).

♥6 Picot Edge(Tip 2-4 피코뜨기 코막음 참고)

① 2코를 '겉뜨기로 덮어씌워 코막음'한다(Tip 2-4-1).

② 오른쪽 바늘에 있는 코를 왼쪽 바늘로 옮기고, 그 코를 2코 늘려 3코로 만든 후, 늘린 3코를 '겉뜨기로 덮어씌워 코막음'하여 피코를 만든다(Tip 2-4-2~5).

③ 다음 4코를 '겉뜨기로 덮어씌워 코막음'한다(Tip 2-4-1).

④ ②와 ③을 반복하여 모든 코들을 코막음한다. 이때 마지막 피코를 만든 후(②)에 왼쪽 바늘에 남는 코는 1코가 되므로, 마지막 ③의 반복에서는 1코를 '겉뜨기로 덮어씌워 코막음'한다.

⑤ 오른쪽 바늘에 남은 마지막 한 코는 실을 통과시킨 후 풀리지 않도록 당겨 마무리한다.

♥7 완성된 반원숄을 블로킹(Tip 10 참고)한다.

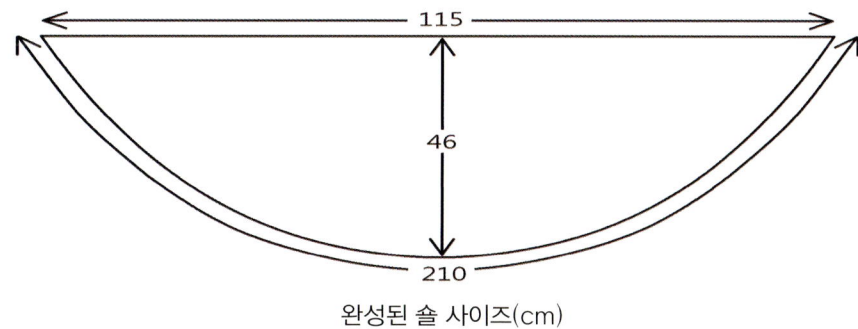

완성된 숄 사이즈(cm)

17쪽
스키드 삼각숄

사용한 실 : 엘프(290m X 2⅛볼)
사용한 바늘 : 4mm 대바늘

도안

♥1 숄 시작코 만들기(Tip 1-2 참고)
양방향 3코 만들기로 본바늘에 3코를 잡아 가터뜨기 10단을 뜬 후, 단 왼쪽 면에서 무늬코가 될 5코를 줍고, 보조 바늘의 3코를 겉뜨기로 떠 총 11코를 만든다.

♥2 Base Chart – 아래 도안과 같이 1~14단까지 1회 뜬다(총 39코).

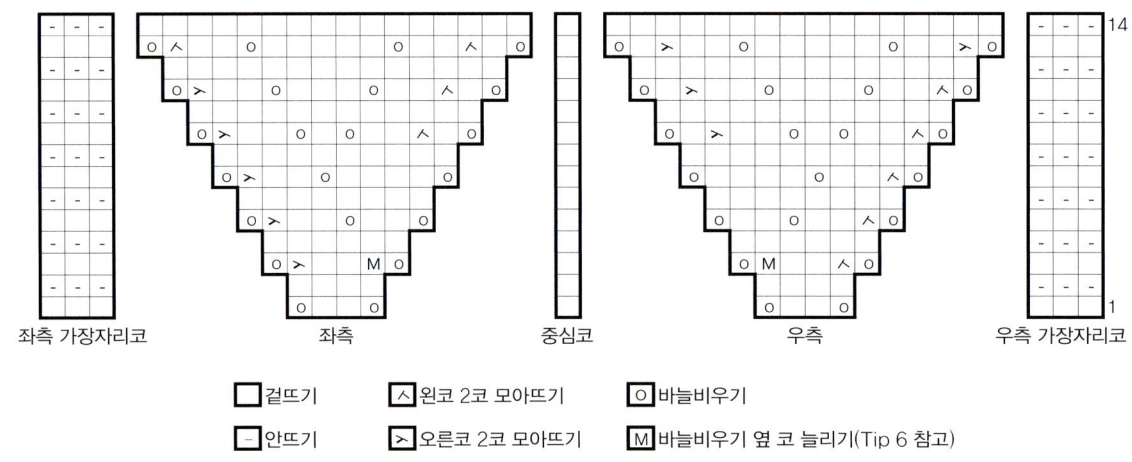

♥3 Main Chart I – 아래의 1~24단을 4회 반복하며, 앞으로는 우측 도안만 표기된다(총 231코).
※ 좌우 양쪽 가장자리의 3코씩(총 6코)은 계속 가터뜨기로, 중심코(1코)는 메리야스뜨기로, 좌측은 우측 무늬와 대칭이 되도록 뜬다.

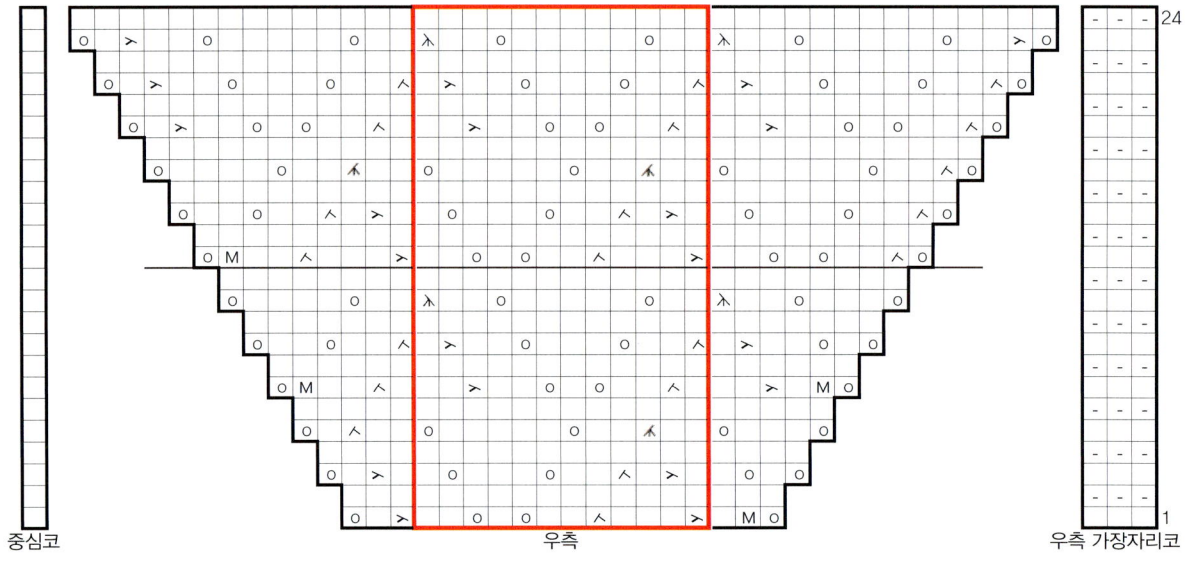

♥4 Main Chart II - 아래의 1~20단을 1회 떠 준다(총 271코).
※ 좌우 양쪽 가장자리의 3코씩(총 6코)은 계속 가터뜨기로, 중심코(1코)는 메리야스뜨기로, 좌측은 우측 무늬와 대칭이 되도록 뜬다.

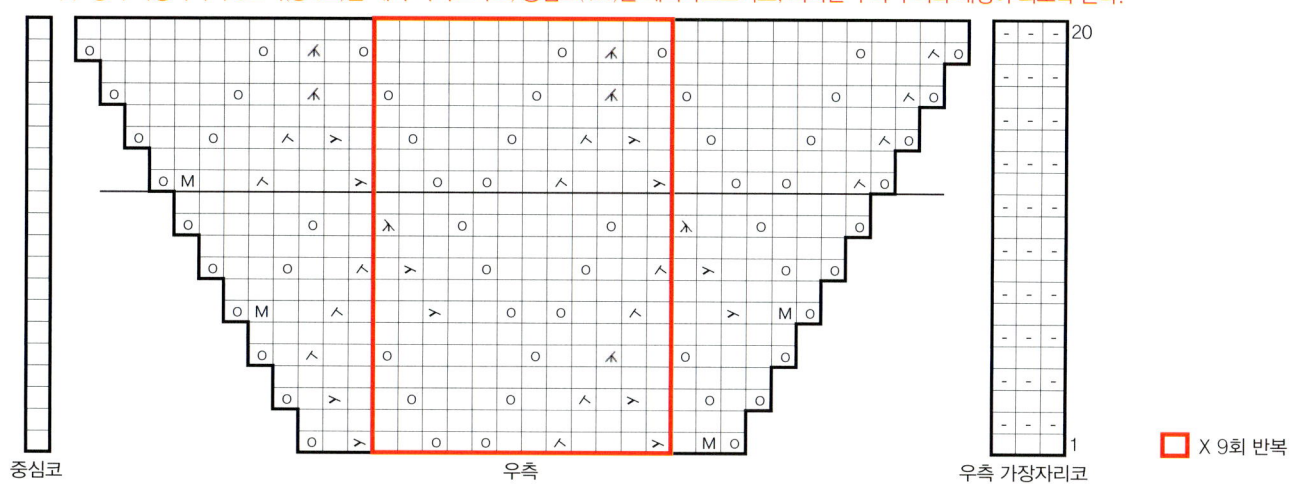

♥5 Edge Chart I - 아래의 1~24단을 2회 반복한다(총 367코).
※ 좌우 양쪽 가장자리의 3코씩(총 6코)은 계속 가터뜨기로, 중심코(1코)는 메리야스뜨기로, 좌측은 우측 무늬와 대칭이 되도록 뜬다.

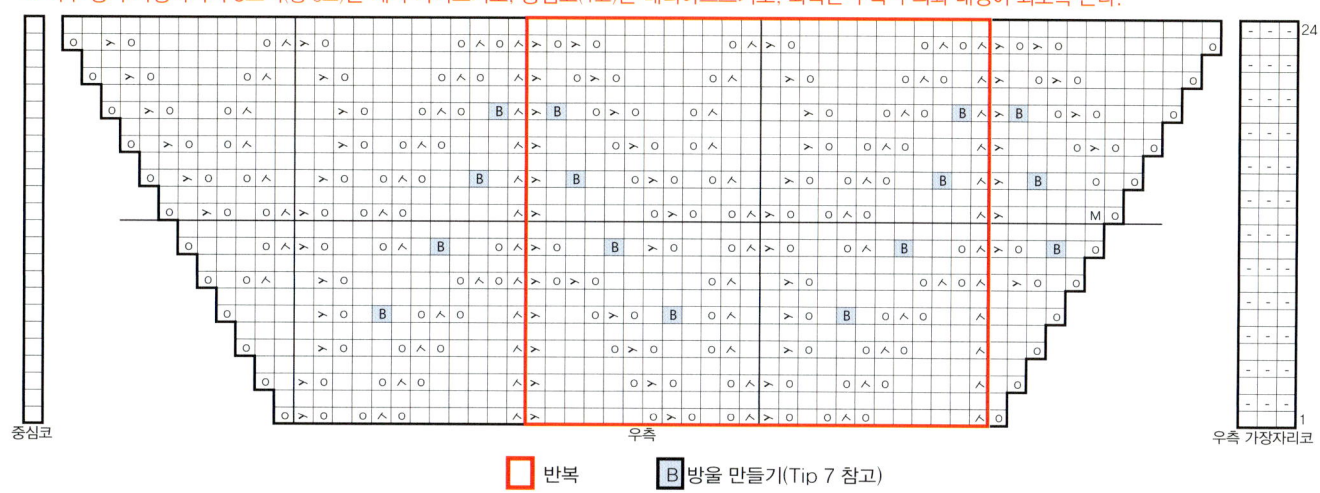

♥6 Edge Chart II - 아래의 1~20단을 1회 떠 준다(총 371코).

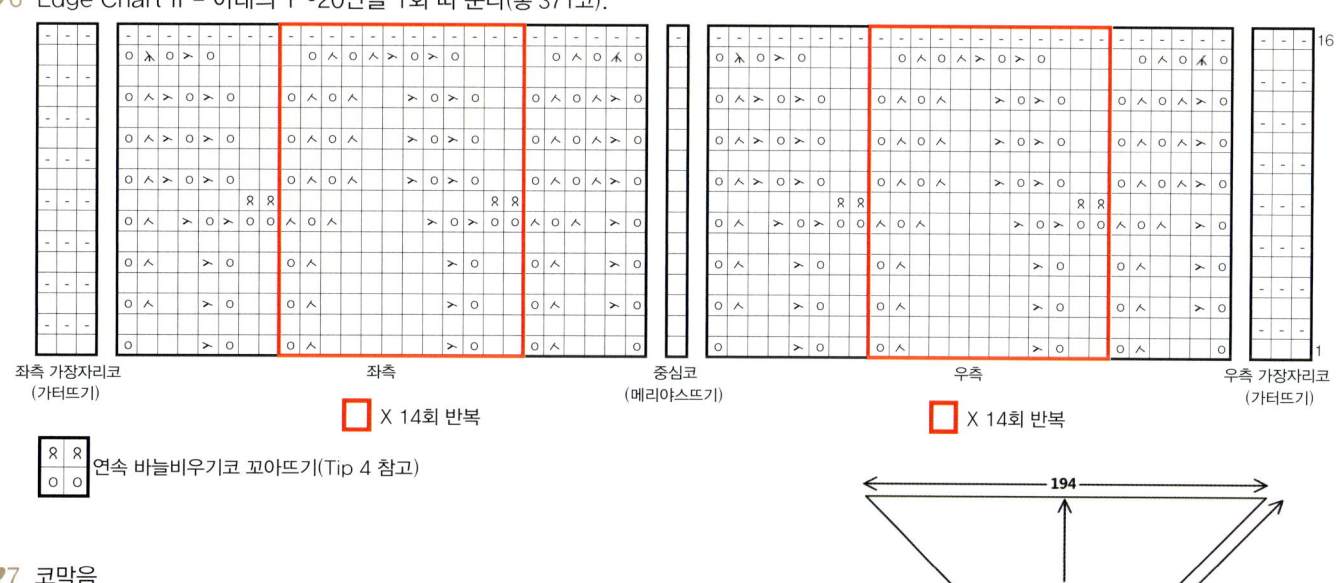

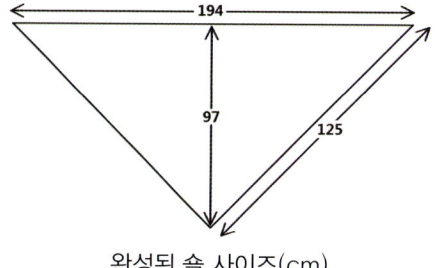

완성된 숄 사이즈(cm)

♥7 코막음
모든 코들을 겉뜨기로 한 단 뜬다(겉면).
다음 단(뒷면)에서 이중 겉뜨기 코막음(Tip 2-2 참고)으로 코막음하여 마무리한다.

♥8 완성된 삼각숄을 블로킹(Tip 10 참고)한다.

18쪽

스키드 스톨

사용한 실 : 빈센트(60g X 2¼볼)
사용한 바늘 : 5mm 대바늘

도안

♥1 Base Chart - 양방향 80코 만들기(Tip 1-1 참고)로 본바늘에 80코(이 코들은 첫 번째 단이 된다)를 잡아, 아래 도안처럼 두 번째 단을 뜬다(양방향으로 코를 만든 후 본바늘의 80코를 먼저 뜨며, 보조바늘의 80코는 쉼 코로 걸어 둔다).

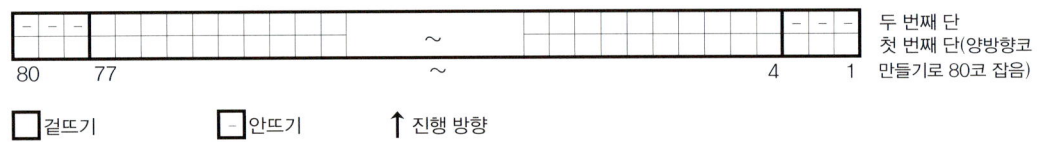

□ 겉뜨기 　－ 안뜨기 　↑ 진행 방향

♥2 Main Chart I - 아래 도안 1~12단을 8회 반복(반복 횟수의 변경으로 길이 조절이 가능)한다.

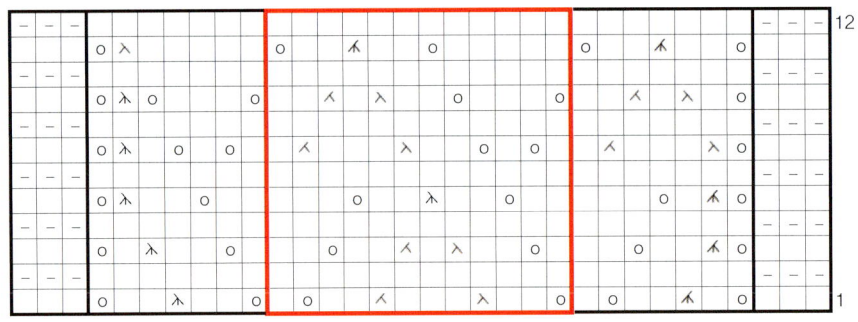

□ X 5회 반복(Tip 9 참고)

λ 왼코 2코 모아뜨기　　入 오른코 2코 모아뜨기
ᅀ 왼코 중심 3코 모아뜨기　　ㅈ 오른코 중심 3코 모아뜨기　　o 바늘비우기

♥3 Main Chart II - 아래 도안처럼 1회 떠 준다.

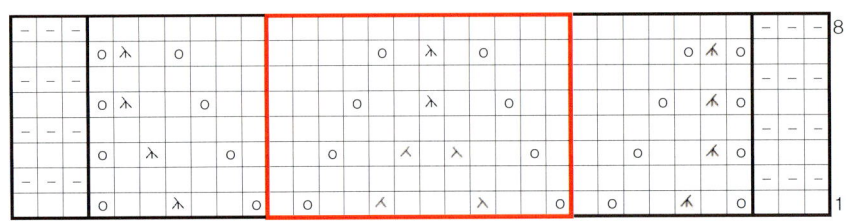

□ X 5회 반복

52

♥4 Edge Chart I - 아래 도안 1~48단을 2회 반복(반복 횟수의 변경으로 길이 조절이 가능)한다.

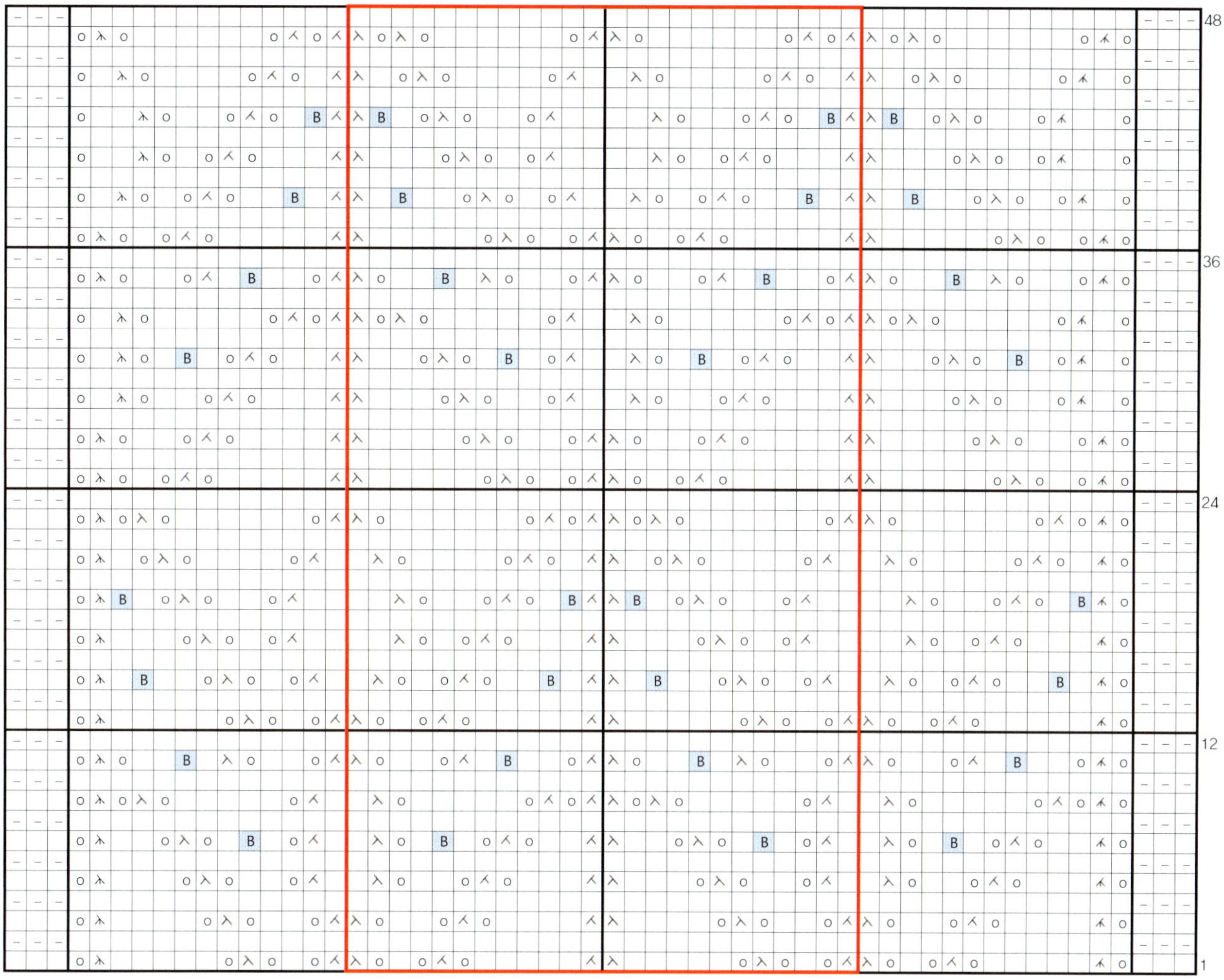

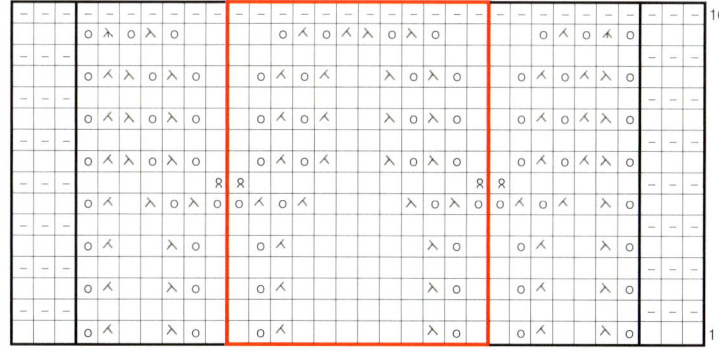

B 방울 만들기(Tip 7 참고)   ☐ X 2회 반복

♥5 Edge Chart II - 아래 도안처럼 1회 떠 준다.

☐ X 5회 반복

⎯ 연속 바늘비우기코 꼬아뜨기(Tip 4 참고)

♥6 코막음
모든 코들을 겉뜨기로 한 단 뜬다(겉면).
다음 단(뒷면)에서 이중 겉뜨기 코막음(Tip 2-2 참고)으로 코막음하여 마무리한다.

♥7 ♥1에서 쉼코로 걸어 둔 보조바늘의 80코를, ♥1~♥6의 순서로 동일하게 떠서 스톨을 완성한다.
(♥1에서처럼, 쉼코로 걸어 둔 보조바늘의 80코는 첫 번째 단이 되며 도안처럼 두 번째 단부터 뜬다.)

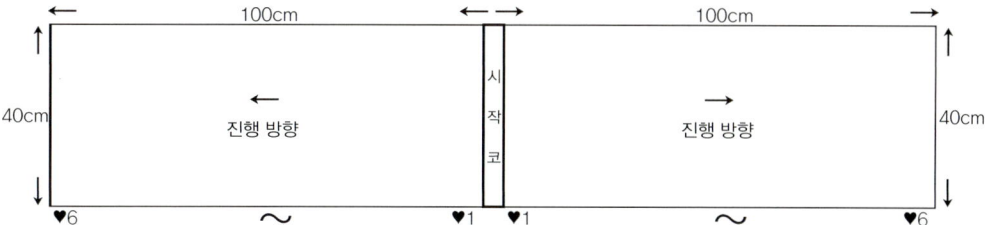

♥8 완성된 스톨을 블로킹(Tip 10 참고)한다.

19쪽
아지랑이 삼각숄

사용한 실 : 키드 모헤어(20g X 2½볼)
사용한 바늘 : 4.5mm 대바늘

도안

♥1 숄 시작코 만들기(Tip 1-2 참고)
   양방향 3코 만들기로 본바늘에 3코를 잡아 가터뜨기 6단을 뜬 후, 단 왼쪽 면에서 무늬코가 될 3코를 줍고, 보조바늘의 3코를 겉뜨기로 떠 총 9코를 만든다.

♥2 Base Chart - 아래 도안과 같이 1~14단까지 1회 뜬다(총 37코).

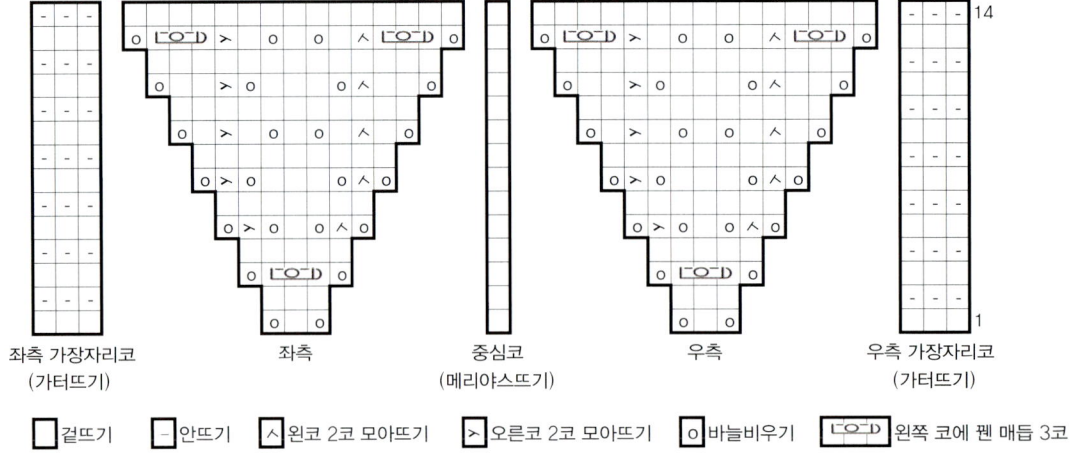

♥3 Main Chart - 아래의 1~10단을 10회 반복하며, 앞으로는 우측 도안만 표기된다(총 237코).

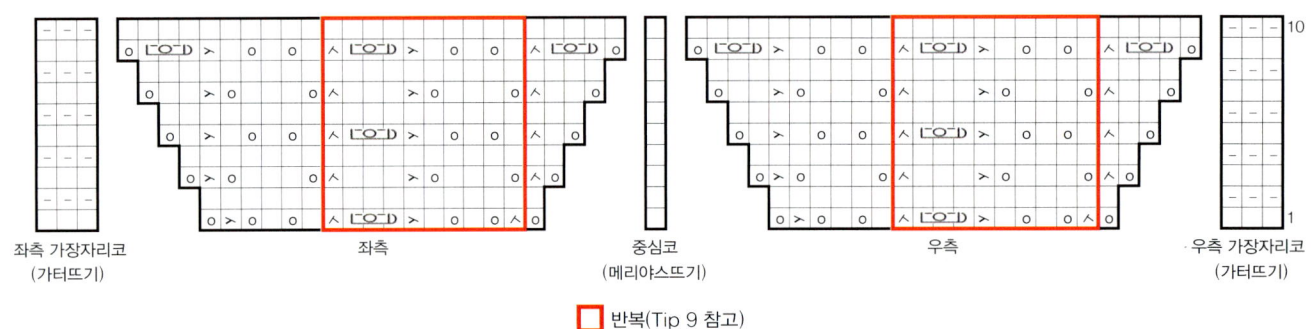

p.54 19쪽 **아지랑이 삼각숄** (2016년 5월 15일 1판 2쇄)

♥ 현재내용

♥3 Main Chart – 아래의 1~10단을 10회 반복하며, 앞으로는 우측 도안만 표기된다(총 237코).

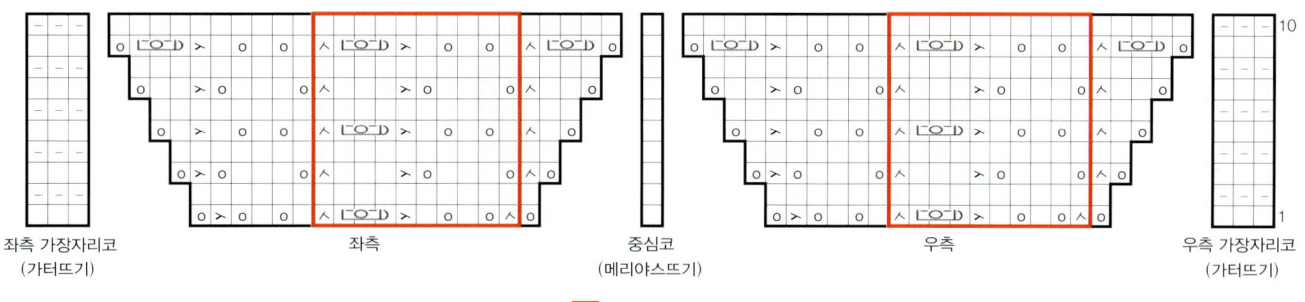

좌측 가장자리코 (가터뜨기) / 좌측 / 중심코 (메리야스뜨기) / 우측 / 우측 가장자리코 (가터뜨기)

□ 반복(Tip 9 참고)

♥ 수정내용

♥3 Main Chart – 아래의 1~10단을 10회 반복하며, 앞으로는 우측 도안만 표기된다(총 237코).

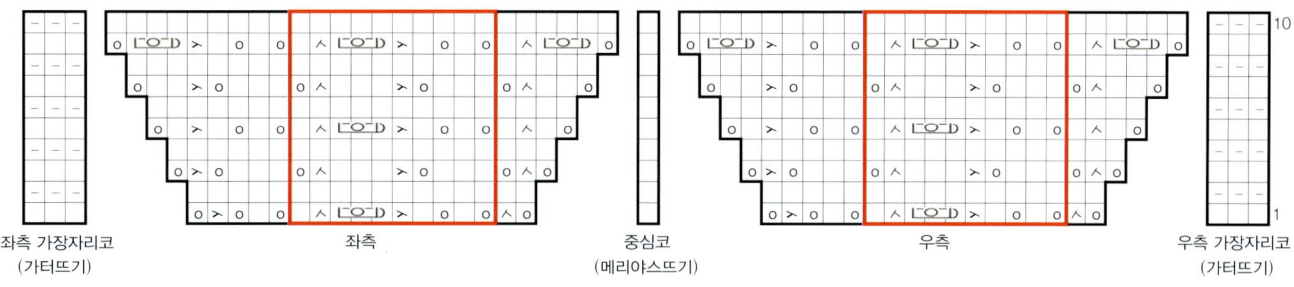

좌측 가장자리코 (가터뜨기) / 좌측 / 중심코 (메리야스뜨기) / 우측 / 우측 가장자리코 (가터뜨기)

□ 반복(Tip 9 참고)

♥4 Edge Chart I - 아래의 1~16단을 1회 떠 주며, 앞으로는 우측 도안만 표기된다(총 269코).
　※ 좌우 양쪽 가장자리의 3코씩(총 6코)은 계속 가터뜨기로, 중심코(1코)는 메리야스뜨기로, 좌측은 우측 무늬와 대칭이 되도록 뜬다.

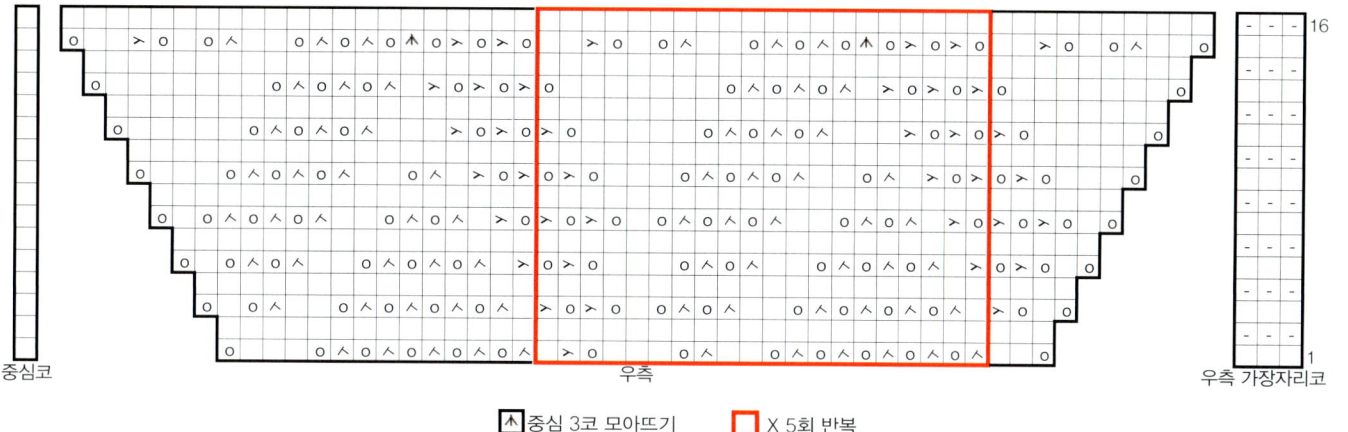

♥5 Edge Chart II - 아래의 1~28단을 1회 떠 준다(총 325코).
　※ 좌우 양쪽 가장자리의 3코씩(총 6코)은 계속 가터뜨기로, 중심코(1코)는 메리야스뜨기로, 좌측은 우측 무늬와 동일하게 뜬다.

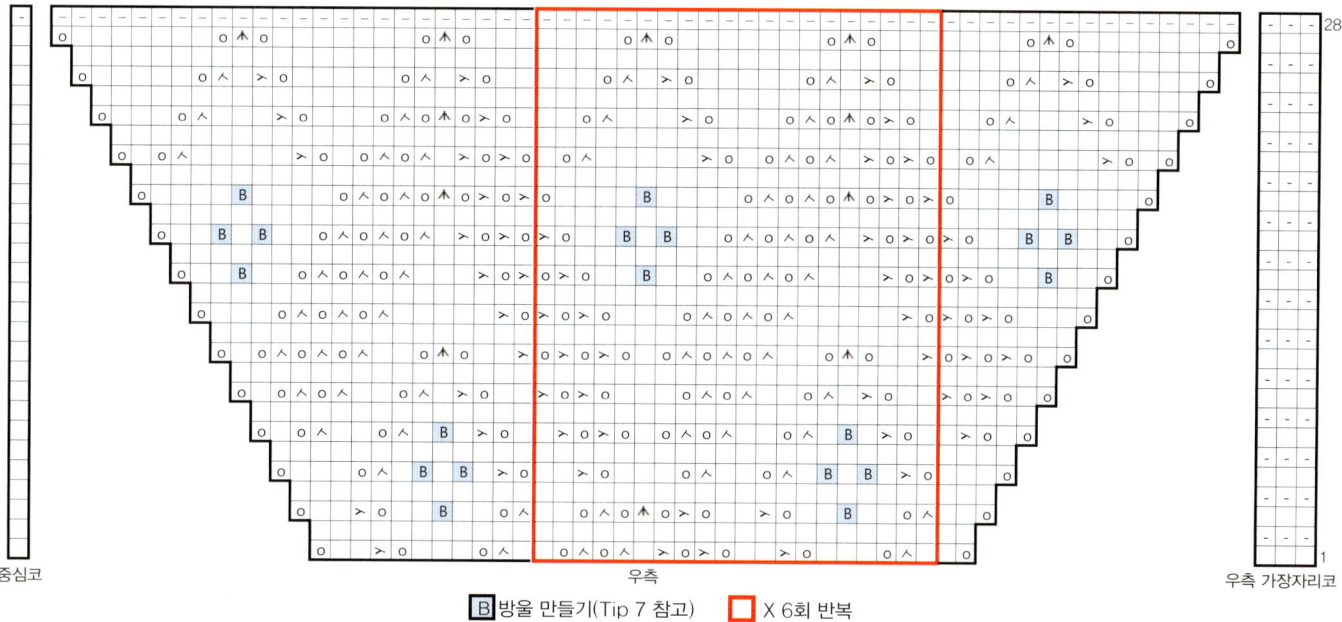

♥6 코막음
　모든 코들을 겉뜨기로 한 단 뜬다(겉면).
　다음 단(뒷면)에서 이중 겉뜨기 코막음(Tip 2-2 참고)으로 코막음하여 마무리한다.

♥7 완성된 삼각숄을 블로킹(Tip10 참고)한다.

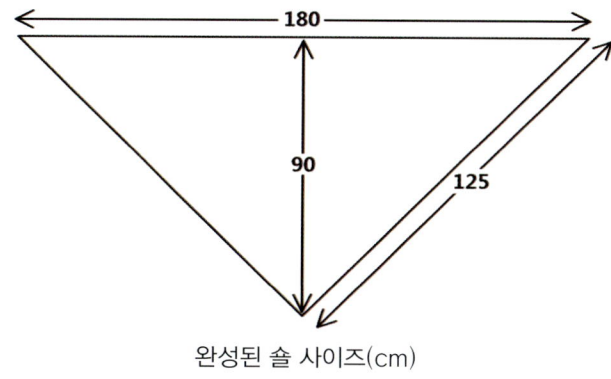

완성된 숄 사이즈(cm)

20쪽
아지랑이 스톨

사용한 실 : 페어리(20g X 8볼)
사용한 바늘 : 5mm 대바늘

도안

♥1 양방향 57코 만들기(Tip 1-1 참고)로 본바늘에 57코(이 코들은 첫 번째 단이 된다)를 잡아, 아래 도안처럼 두 번째 단을 뜬다
(양방향으로 코를 만든 후 본바늘의 57코를 먼저 뜨며, 보조바늘의 57코는 쉼코로 걸어 둔다).

두 번째 단
첫 번째 단
(양방향코 만들기로 57코 잡음)

57 ← → 1

↑ 진행 방향

☐ 겉뜨기   — 안뜨기

♥2 아래 도안 1~8단을 1회 뜬다.

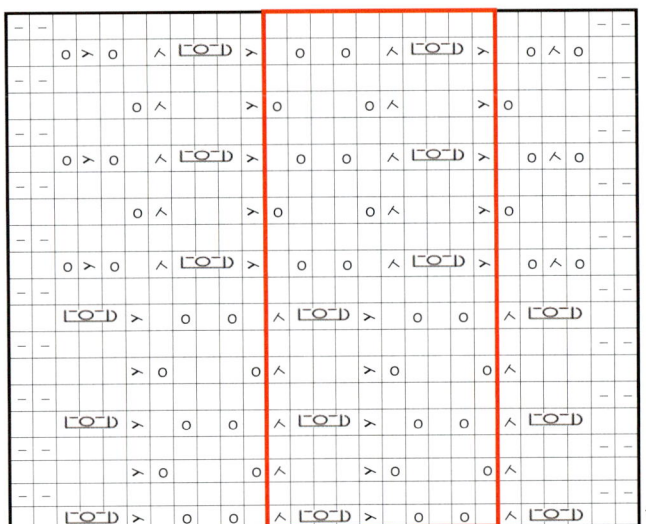

⋏ 왼코 2코 모아뜨기   ○ 바늘비우기
⋎ 오른코 2코 모아뜨기   ⊏○⊐ 왼쪽 코에 펜 매듭 3코
☐ X 4회 반복(Tip 9 참고)

♥3 아래 도안 1~20단을 15회 반복하여 뜬다.

☐ X 4회 반복

♥4 아래 도안 1~8단을 1회 뜬다.

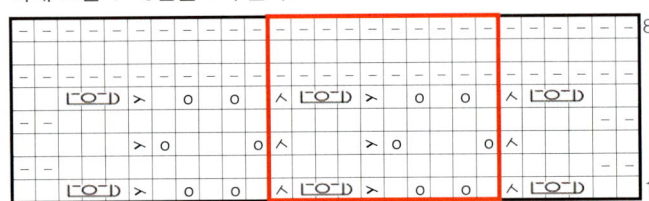

☐ X 4회 반복

♥5 앞서 뜬 편물의 전체 면에서 다음 설명처럼 코를 주워 원통으로 무늬뜨기한다(아래 사진을 참고한다).

① 첫 코가 걸려 있는 마지막 안뜨기단에서 1코를 줍는다. 이 코는 첫 번째 기둥코가 된다(1코).
② 바늘비우기1 + <(왼코 2코 모아뜨기1 + 바늘비우기1) X 28회> + 겉뜨기1 + 바늘비우기1(총 60코)
③ 옆면의 첫 안뜨기단에서 1코를 줍는다. 이 코는 두 번째 기둥코가 된다(총 61코).
④ 바늘비우기1 + 앞에서 기둥코를 만든 옆면 첫 안뜨기단에서 다시 1코를 줍는다(총 63코).
⑤ <바늘비우기1 + 다음 안뜨기단(가터단이기 때문에 두 단마다 1코씩 줍게 된다)에서 1코 줍기> X 158회 + 바늘비우기1(총 380코)
⑥ '⑤에서 마지막으로 안뜨기단에서 1코 주운 곳'에서 다시 1코를 줍는다. 이 코는 세 번째 기둥코가 된다(총 381코).
⑦ ♥1에서 쉼코로 걸어 둔 보조바늘의 코들을 ②의 방법과 동일하게 뜬다(총 440코).
⑧ 옆면의 첫 안뜨기단에서 1코를 줍는다. 이 코는 네 번째 기둥코가 된다. 이로써 4개의 기둥코가 모두 완성된다(총 441코).
⑨ ④와 ⑤의 방법과 동일하게 옆단에서 코를 만들어 준다. 이때 안뜨기단에서 줍는 마지막 코의 위치는 ①에서 첫 번째 기둥코를 만든 위치가 된다(총 760코).
※ 4개의 기둥코는, 단과 코가 만나는 꼭짓점의 단쪽 면 안뜨기코에서 만들어진다. 무늬뜨기를 위해 단에서 줍는 시작코와 마지막코는 기둥코를 줍는 위치와 겹치게 된다.

♥6 아래 도안을 보고 4면을 원통뜨기로 뜬다(계속 겉면에서 뜨게 된다). 매 단의 첫 코는 ♥5-①의 기둥코가 된다(총 840코).

♥7 코막음
모든 코들을 겉뜨기로 한 단 뜬다(겉면).
다음 단(겉면)에서 이중 안뜨기 코막음(Tip 2-3 참고)으로 코막음하여 마무리한다.

♥8 완성된 스톨을 블로킹(Tip 10 참고)한다.

완성된 숄 사이즈(cm)

21쪽
오솔길 삼각숄

사용한 실: 킹 베이비 라마 & 멀베리 실크(100g X 2타래)
사용한 바늘: 6mm 대바늘

도안

♥1 숄 시작코 만들기(Tip 1-2 참고)
양방향 3코 만들기로 본바늘에 3코를 잡아 가터뜨기 6단을 뜬 후, 단 왼쪽 면에서 무늬코가 될 3코를 줍고, 보조바늘의 3코를 겉뜨기로 떠 총 9코를 만든다.

♥2 Base Chart - 아래 도안과 같이 1~6단까지 1회 뜬다(총 21코).

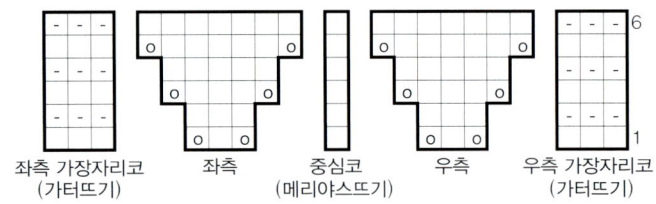

♥3 Main Chart - 아래의 1~6단을 13회 반복한다(총 177코).

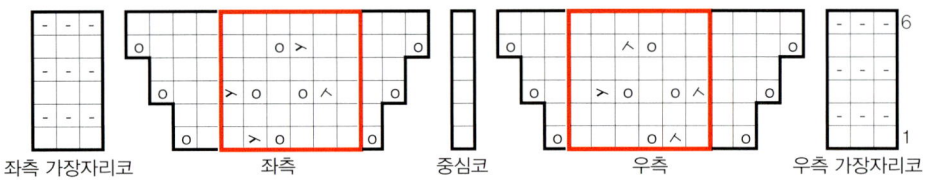

♥4 Edge Chart I - 아래의 1~18단을 1회 떠 주며, 이번에는 우측 도안만 표기된다(총 213코).
※ 좌우 양쪽 가장자리의 3코씩(총 6코)은 계속 가터뜨기, 중심코(1코)는 메리야스뜨기로, 좌측은 우측 무늬와 동일하게 뜬다.

♥5 Edge Chart II - 아래의 1~12단을 1회 떠 주며, 이번에도 우측 도안만 표기된다(총 237코).
 ※ 좌우 양쪽 가장자리의 3코씩(총 6코)은 계속 가터뜨기로, 중심코(1코)는 메리야스뜨기로, 좌측은 우측 무늬와 동일하게 뜬다.

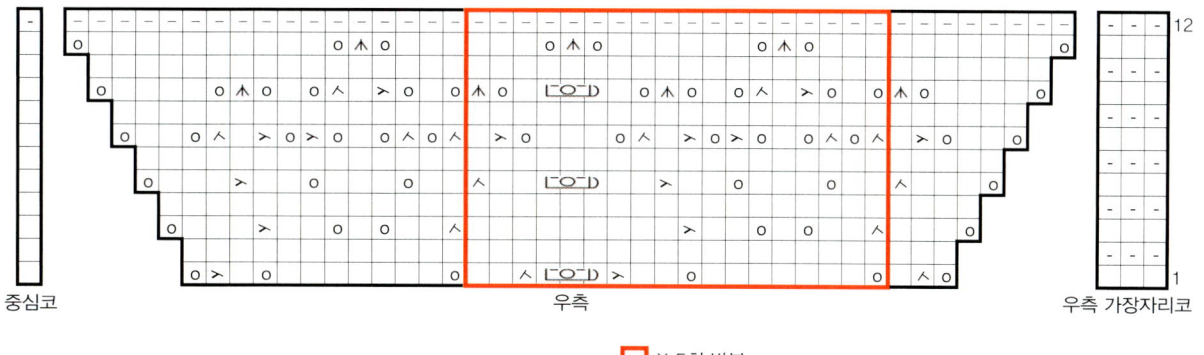

□ X 5회 반복

♥6 코막음

모든 코들을 겉뜨기로 한 단 뜬다(겉면).
다음 단(뒷면)에서 이중 겉뜨기 코막음(Tip 2-2 참고)으로 코막음하여 마무리한다.

♥7 완성된 삼각숄을 블로킹(Tip 10 참고)한다.

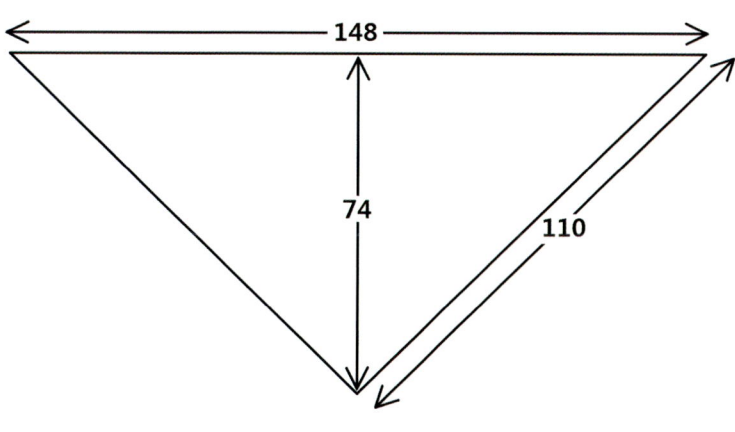

완성된 숄 사이즈(cm)

22쪽

오솔길 스톨

사용한 실 : 키드 모헤어(20g X 2²/³볼)
사용한 바늘 : 4.5mm 대바늘

도안

♥1 양방향 89코 만들기(Tip 1-1 참고)로 본바늘에 89코, 보조바늘에 89코를 만든다. 이때의 코들은 첫 번째 단이 된다
　(본바늘의 89코를 먼저 뜨며, 보조바늘의 89코는 쉼코로 걸어 둔다).

♥2 두 번째 단(뒷면) – 2코 겉뜨기, 85코 안뜨기, 2코 겉뜨기한다.

♥3 아래 도안 1~40단을 4회 반복한다.
　(반복 횟수의 변경으로 길이 조절이 가능하다)

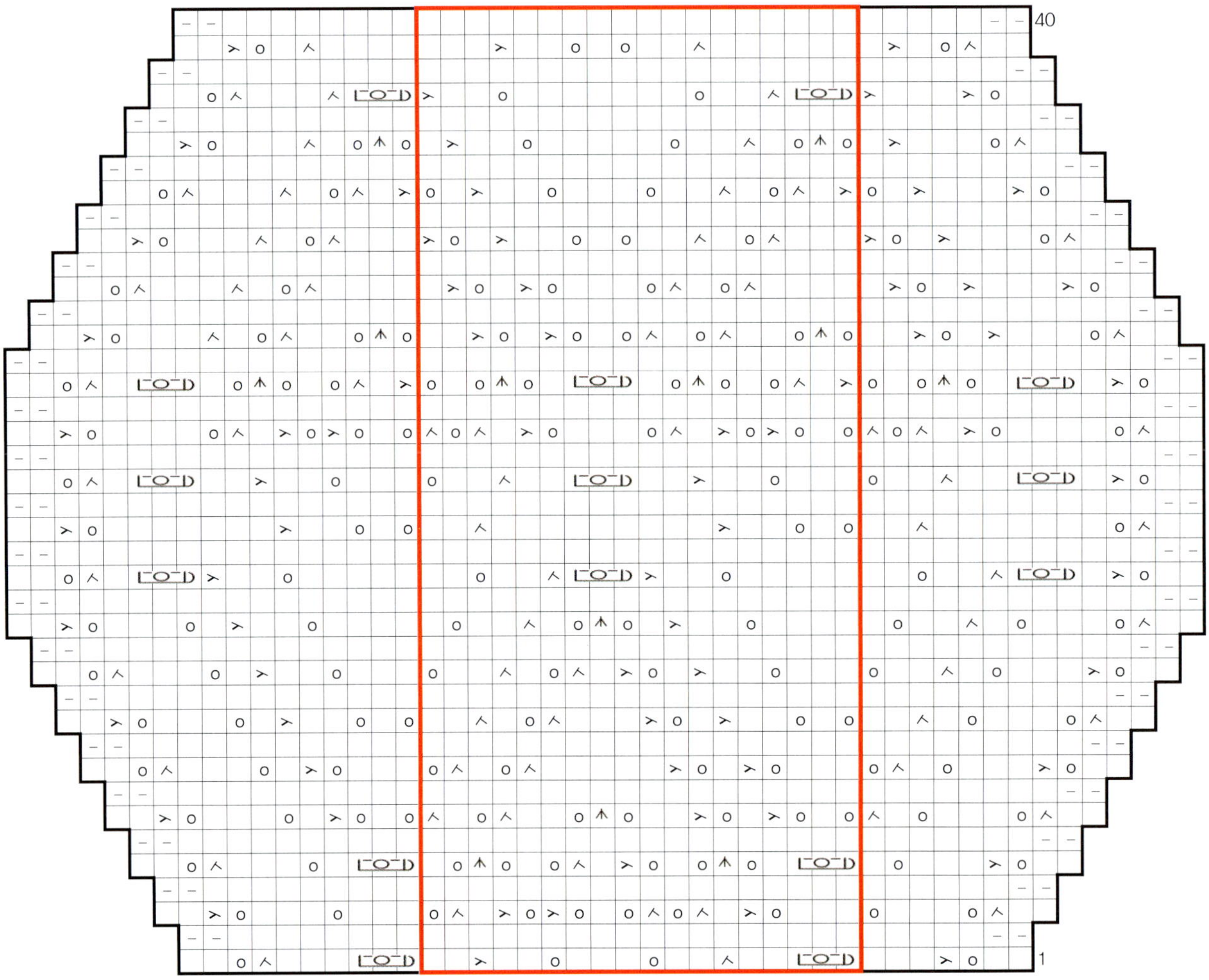

□ 겉뜨기　　o 바늘비우기　　> 오른코 2코 모아뜨기　　⊏O⊐ 왼쪽 코에 팬 매듭 3코
－ 안뜨기　　∧ 왼코 2코 모아뜨기　　↑ 중심 3코 모아뜨기　　▭ X 4회 반복(Tip 9 참고)

♥4 아래 도안 1~8단을 뜬다(총 95코).

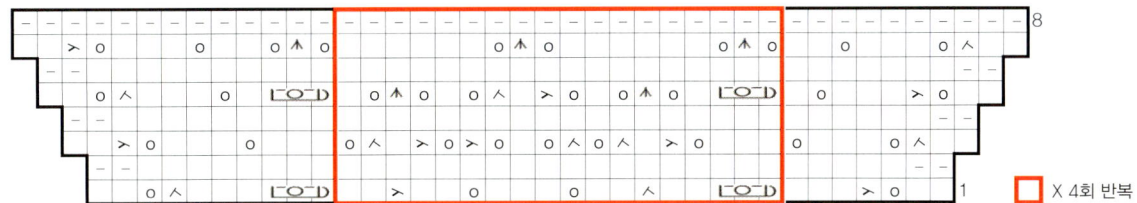

♥5 코막음
모든 코들을 겉뜨기로 한 단 뜬다(겉면).
다음 단(뒷면)에서 이중 겉뜨기 코막음(Tip 2-2 참고)으로 코막음하여 마무리한다.

♥6 ♥1에서 쉼코로 걸어 둔 보조바늘의 89코를, ♥2~♥5의 순서로 동일하게 떠서 스톨을 완성한다.
(♥1에서처럼, 쉼코로 걸어 둔 보조바늘의 89코는 첫 번째 단이 된다)

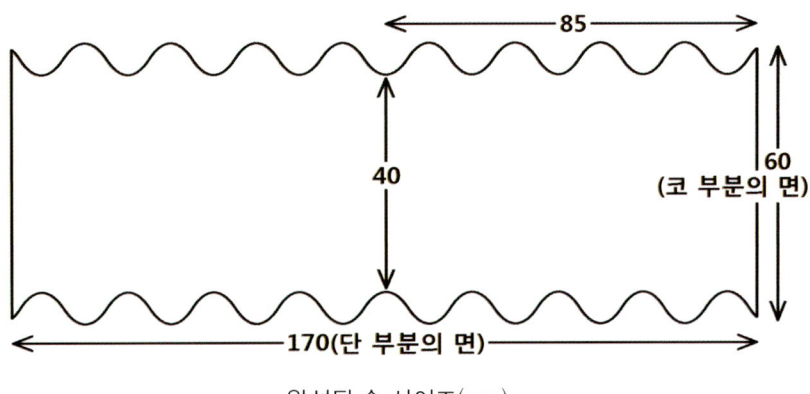

완성된 숄 사이즈(cm)

♥7 완성된 스톨을 블로킹(Tip 10 참고)한다.

24쪽
은하수 반원숄

사용한 실: 올리브(50g X 2볼)
사용한 바늘: 5.5mm 대바늘(시작코), 4mm 대바늘(무늬코)

도안

♥1 5.5mm 대바늘을 이용하여, 연속코 만들기(Tip 1-3 참고)로 463코를 만든다.

♥2 Edge Chart I - 아래 도안과 같이 뜬다(총 363코).
   ※ Edge Chart부터는 4mm 대바늘로 바꿔 뜬다.

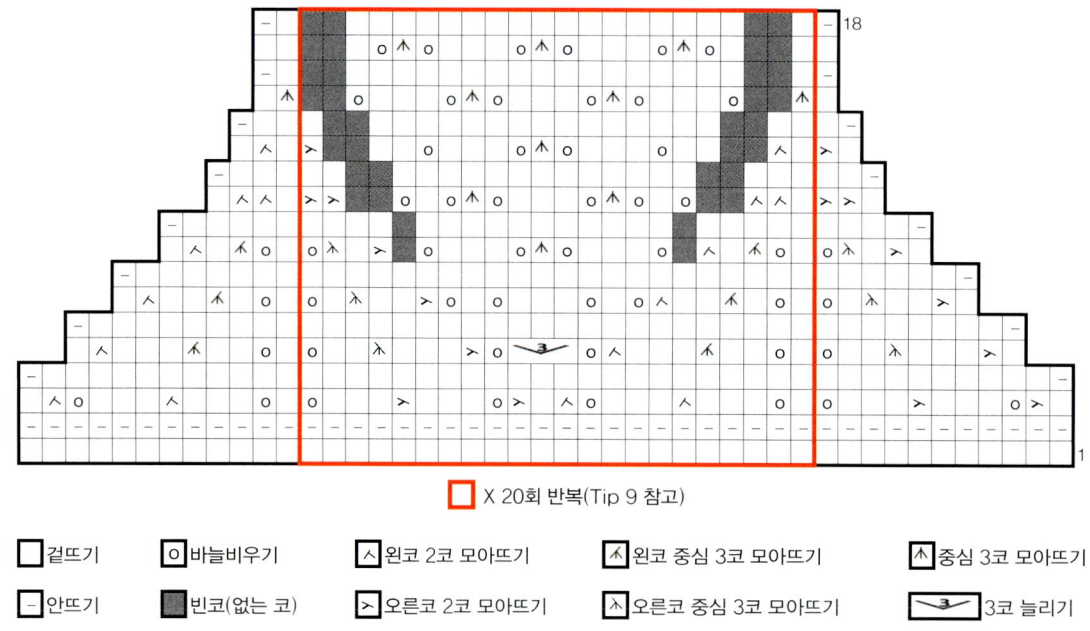

□ X 20회 반복(Tip 9 참고)

| □ 겉뜨기 | ○ 바늘비우기 | ∧ 왼코 2코 모아뜨기 | ↗ 왼코 중심 3코 모아뜨기 | ⋏ 중심 3코 모아뜨기 |
| □ 안뜨기 | ■ 빈코(없는 코) | ＞ 오른코 2코 모아뜨기 | ↖ 오른코 중심 3코 모아뜨기 | ⋈ 3코 늘리기 |

♥3 Edge Chart II - 아래 도안과 같이 뜬다(총 361코).

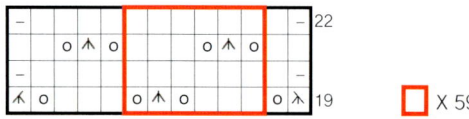

□ X 59회 반복

♥4 Edge Chart III - 아래 도안과 같이 뜬다(총 321코).

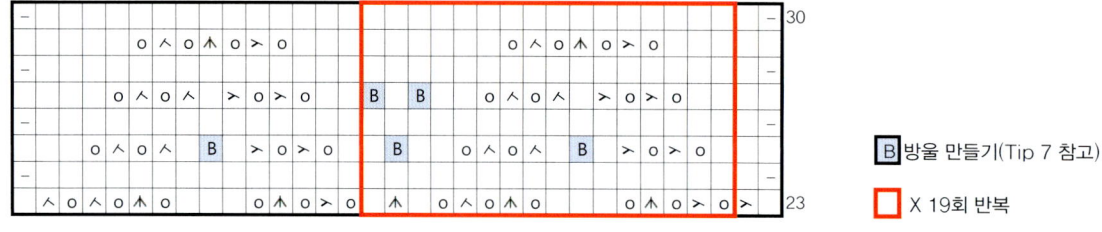

B 방울 만들기(Tip 7 참고)
□ X 19회 반복

♥5 Main Chart(◺ 왼코 2코 모아안뜨기)

① **31단**(겉면) : 모든 코들을 겉뜨기로 한 단 뜬다.

② **32단**(뒷면) : 안뜨기로 169코를 뜬다. 이때 남은 152코는 왼쪽 바늘에 그대로 둔 채로 편물을 돌려 준다(우측 터닝포인트).

③ **33단**(겉면) : 겉뜨기로 17코를 뜨고 편물을 돌려 준다(좌측 터닝포인트).

④ **34단**(뒷면) : (앞의 우측 터닝포인트 전 1코 남기고 안뜨기 + 다음 2코를 '왼코 2코 모아안뜨기' + 안뜨기 3코)를 뜨고 편물을 돌려 준다(우측 터닝포인트).

⑤ **35단**(겉면) : (앞의 좌측 터닝포인트 전 1코 남기고 겉뜨기 + 다음 2코를 '오른코 2코 모아뜨기' + 겉뜨기 3코)를 뜨고 편물을 돌려 준다(좌측 터닝포인트).

⑥ 모든 코들이 없어질 때까지 ④와 ⑤를 번갈아 가며 반복한다. 이때 마지막 단은 109단(겉면)에서 끝난다(총 245코).

⑦ **110단**(뒷면) : 모든 코들을 겉뜨기로 한 단 뜬다.

♥6 코막음

모든 코들을 겉뜨기로 한 단 뜬다(겉면).

다음 단(뒷면)에서 겉뜨기로 덮어씌워 코막음(Tip 2-1 참고)한다.

♥7 완성된 반원숄을 블로킹(Tip 10 참고)한다.

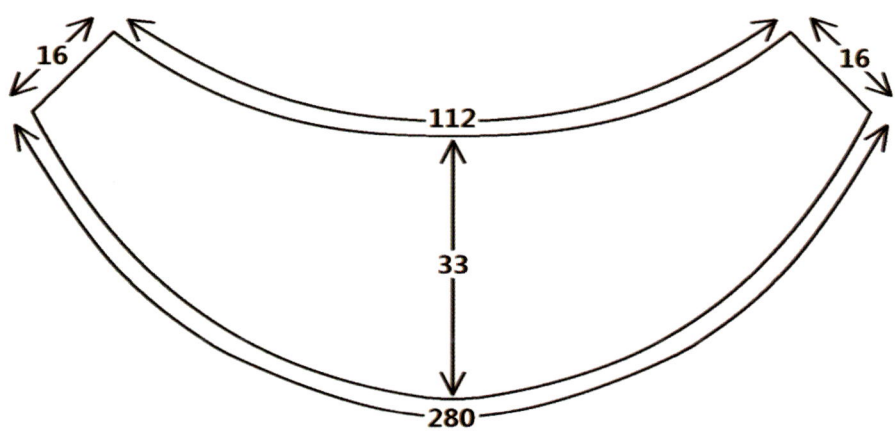

완성된 숄 사이즈(cm)

25쪽

토파즈 삼각숄

사용한 실 : 소나기(50g × 3볼)와 스팡클(3볼)을 합사
사용한 바늘 : 5.5mm 대바늘

도안

♥1 숄 시작코 만들기(Tip 1-2 참고)
　① 양방향 3코 만들기로 본바늘에 3코를 잡아 가터뜨기로 22단을 뜬다(본바늘의 3코).
　② 아래 사진을 보며 왼쪽 면 안뜨기단에서 무늬뜨기할 11개의 코를 줍는다. 이때 코 사이사이에서 8회의 바늘
　　 비우기를 하여, 무늬코를 19코로 만든다(총 22코).

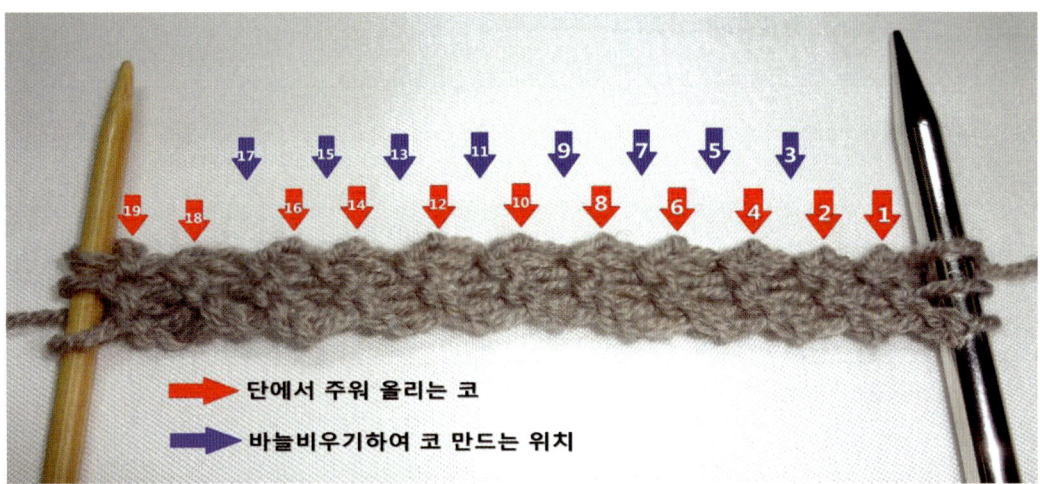

[토파즈 시작코 도안]

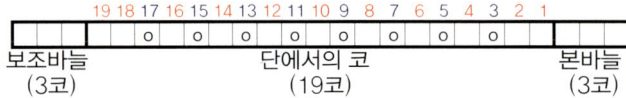

　③ 보조바늘의 3코를 겉뜨기로 떠 총 25코를 만든다. 이때의 면은 겉면이 된다.

♥2 뒷면 – 겉뜨기 3코 + 안뜨기 19코 + 겉뜨기 3코를 뜬다(총 25코).

♥3 Main Chart I – 아래 도안과 같이 1~10단을 뜬다. 이때 무늬는 우측, 중앙, 좌측 세 부분과 가터단인 좌우 양쪽 가장자리코
　　부분으로 나뉘게 된다(총 45코).

♥4 Main Chart II - 아래 도안을 보고 98단을 뜬다. 이때 우측, 좌측은 각각 2단마다 2코씩(총 4코) 늘어나게 되며, 중앙의 17코는 증감 없이 중앙의 중심축이 되어 떠진다(총 241코).

♥5 Ruffle Chart I - 좌우 양쪽 가장자리 3코씩은 계속 가터뜨기해 주며 우측, 중앙, 좌측의 순서로 아래의 1~10단을 뜬다. 이때 우측과 좌측은 뜨는 법이 동일하다(총 261코).

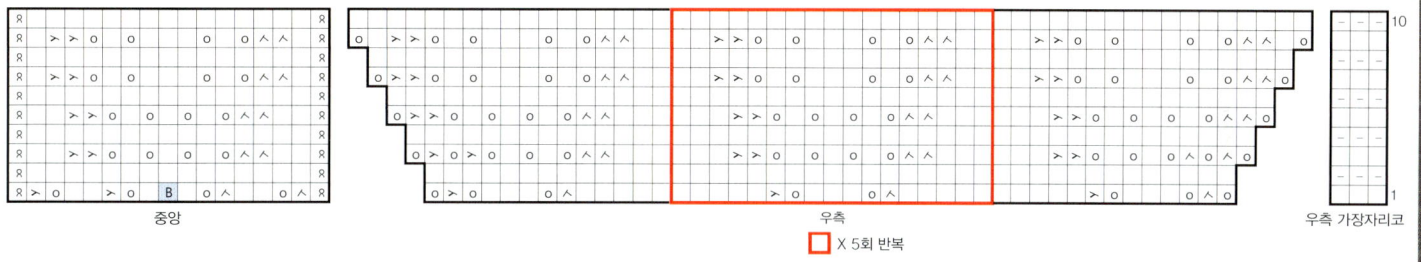

♥6 Ruffle Chart II - 아래의 1~6단을 우측, 중앙, 좌측 구분 없이 이어 뜬다(총 263코).

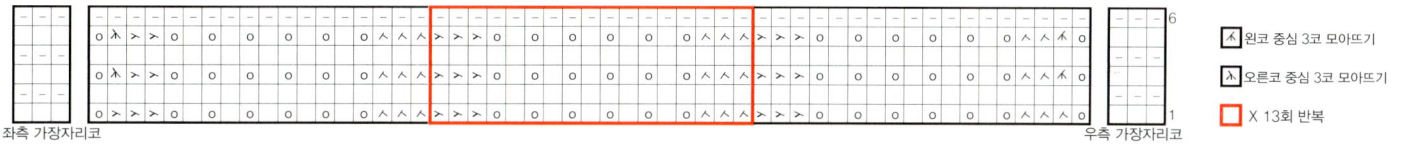

♥7 코막음
모든 코들을 겉뜨기로 한 단 뜬다(겉면).
다음 단(뒷면)에서 이중 겉뜨기 코막음(Tip 2-2 참고)으로 코막음하여 마무리한다.

♥8 완성된 삼각숄을 블로킹(Tip 10 참고)한다.

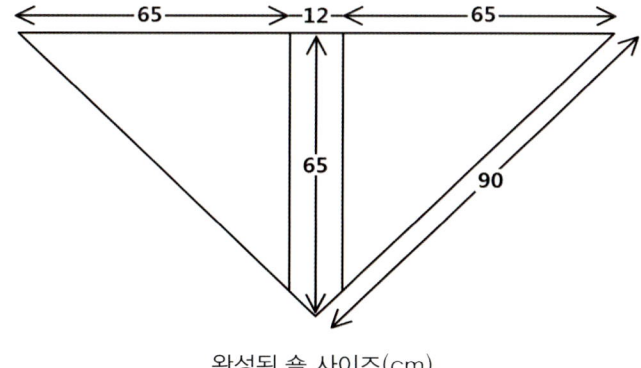

완성된 숄 사이즈(cm)

26쪽
하트 반원숄

사용한 실 : 페어리(20g × 6볼)
사용한 바늘 : 5.5mm 대바늘

도안

♥1 숄 시작코 만들기(Tip 1-2 참고)
양방향 3코 만들기로 본바늘에 3코를 잡아 가터뜨기 8단을 뜬 후, 단 왼쪽 면에서 무늬코가 될 4코를 줍고, 보조바늘의 3코를 겉뜨기로 떠 총 10코를 만든다.

♥2 Base Chart - 아래 도안과 같이 뜬다(총 73코).

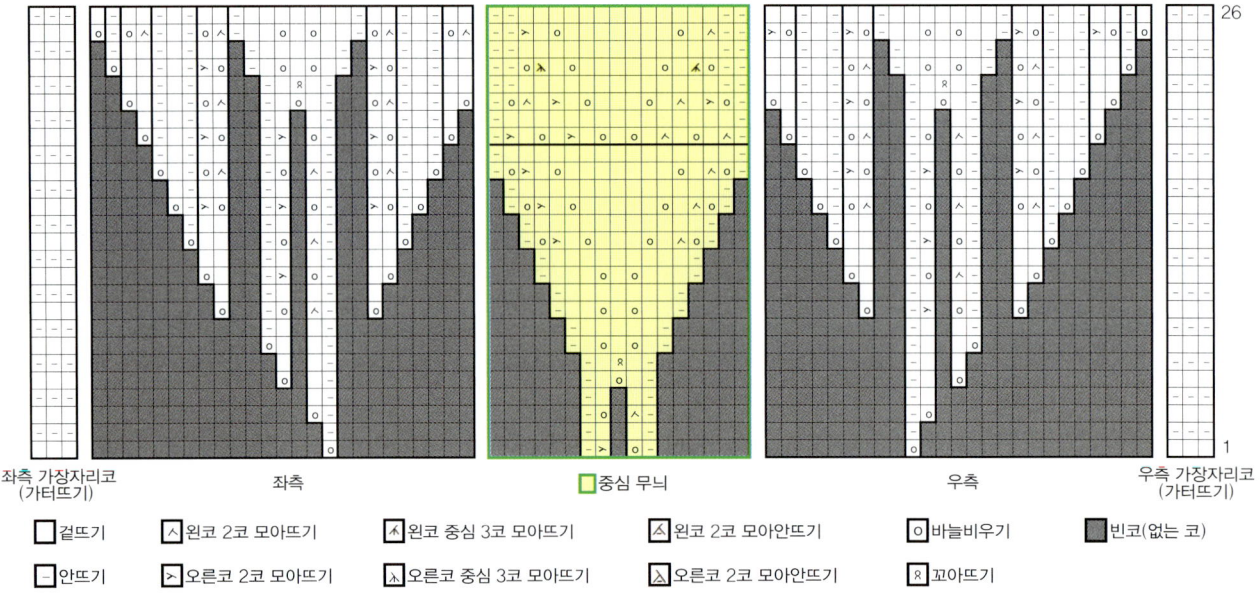

♥3 Main Chart I - 아래 도안을 떠 주며, 앞으로는 중심 무늬와 우측 도안만 표기된다(총 89코).
※ 중심 무늬를 기준으로 좌측은 우측 무늬와 대칭이 되도록 뜨며, 좌우 양쪽 가장자리의 3코씩(총 6코)은 계속 가터뜨기로 뜬다.

♥4 Main Chart II - 아래 도안과 같이 뜬다(총 145코).

　※ ☐ 중심 무늬를 기준으로 좌측은 우측 무늬와 대칭이 되도록 뜨며, 좌우 양쪽 가장자리의 3코씩(총 6코)은 계속 가터뜨기로 뜬다.
　- Main Chart I에서 표시해 둔 ◆(①, ② 늘림 위치)를 참고하여 순서대로 같은 위치에서 무늬를 늘려 준다.

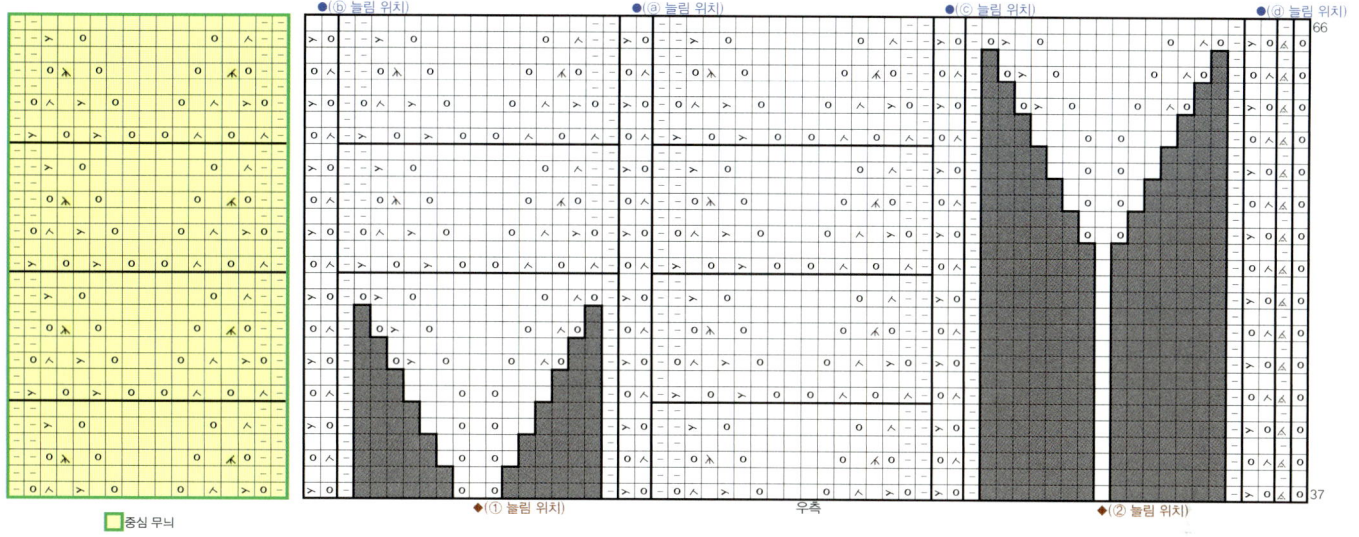

♥5 Main Chart III - 아래 도안과 같이 뜬다(총 185코).

　※ ☐ 중심 무늬를 기준으로 좌측은 우측 무늬와 대칭이 되도록 뜨며, 좌우 양쪽 가장자리의 3코씩(총 6코)은 계속 가터뜨기로 뜬다.
　- Main Chart II에서 표시해 둔 ●(ⓐ, ⓑ, ⓒ, ⓓ늘림 위치)를 참고하여 순서대로 같은 위치에서 무늬를 늘려 준다.
　- ☐ 부분은 중심 무늬와 무늬가 동일하므로 중심 무늬를 보고 똑같이 뜬다.

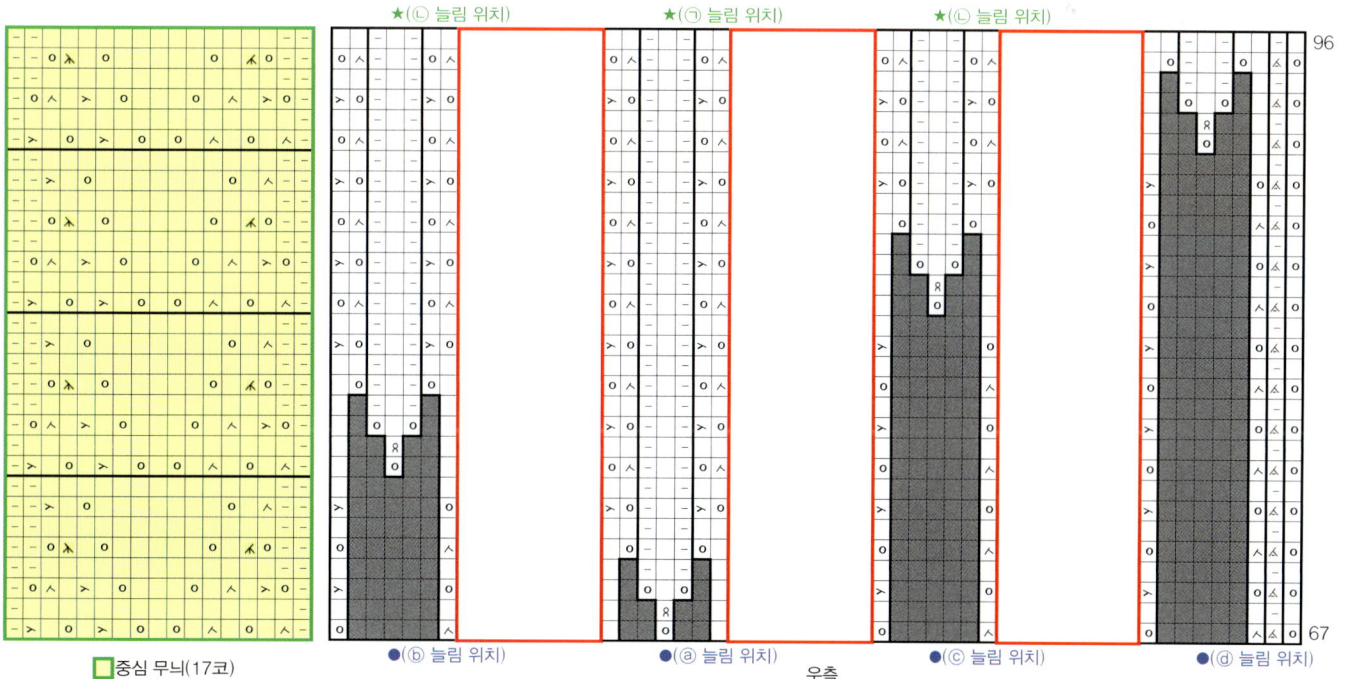

♥6 Main Chart Ⅳ – 아래 도안과 같이 뜬다. 중심 무늬(17코)의 도안은 따로 표기되지 않지만, 앞서 뜬 무늬와 연결되도록 이어 뜨면 된다(총 269코).

   ※ ☐ 중심 무늬를 기준으로 좌측은 우측 무늬와 대칭이 되도록 뜨며, 좌우 양쪽 가장자리의 3코씩(총 6코)은 계속 가터뜨기로 뜬다.
   – Main Chart Ⅲ에서 표시해 둔 ★(㉠, ㉡ 늘림 위치)를 참고하여 순서대로 같은 위치에서 무늬를 늘려 준다.
   – ☐ 부분은 중심 무늬와 무늬가 동일하므로 앞서 뜬 무늬와 연결되도록 이어 뜨면 된다.

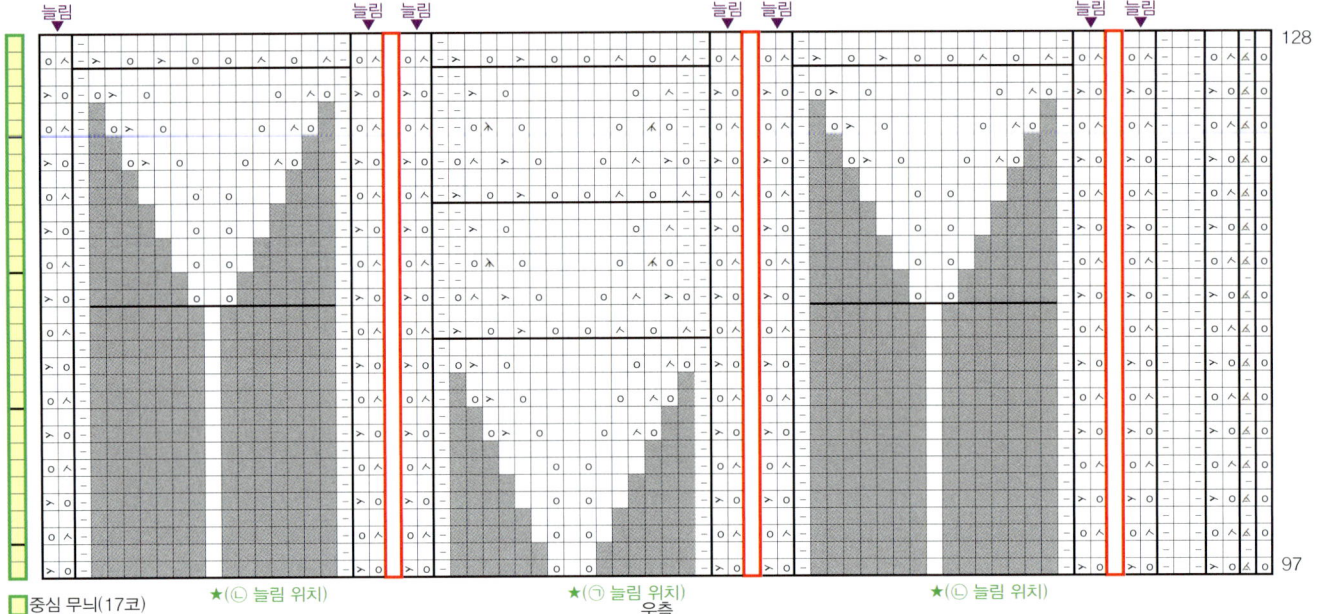

♥7 Edge Chart Ⅰ – 아래 도안과 같이 뜬다(총 285코).
   ※ Edge Chart부터는 좌측, 중심 무늬, 우측 구분 없이 연속해서 뜬다. 단 좌우측 가장자리 3코씩은 계속 가터뜨기한다.
   – Main Chart Ⅳ에서 표시해 둔 ▼(늘림)을 참고하여 같은 위치에서 무늬를 늘려 준다.

♥8 Edge Chart Ⅱ – 아래 도안과 같이 뜬다(총 297코).

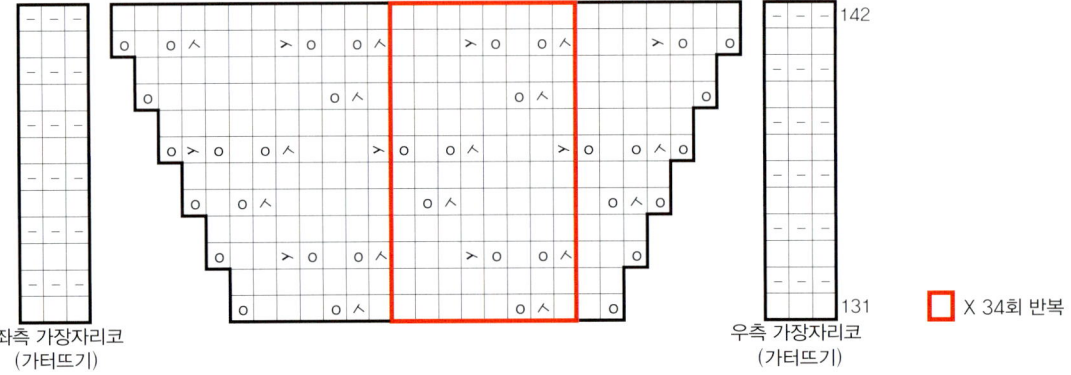

♥9 Edge Chart Ⅲ - 아래 도안과 같이 뜬다(총 307코).

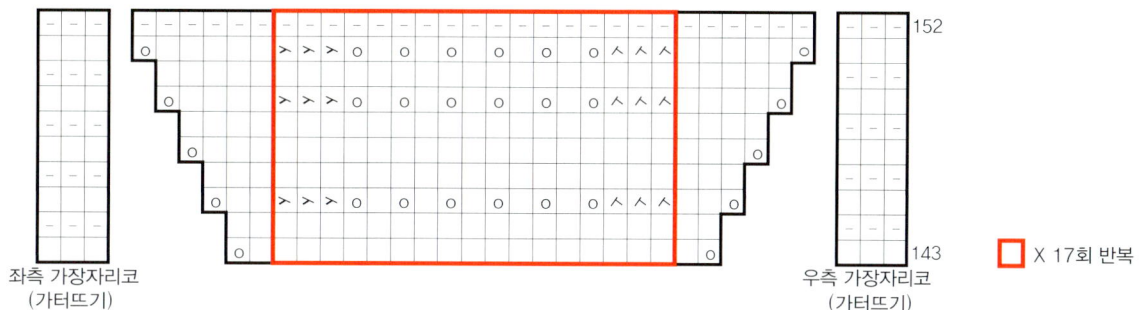

♥10 코막음

모든 코들을 겉뜨기로 한 단 뜬다(겉면).

다음 단(뒷면)에서 이중 겉뜨기 코막음(Tip 2-2 참고)으로 코막음하여 마무리한다.

♥11 완성된 반원숄을 블로킹(Tip 10 참고)한다.

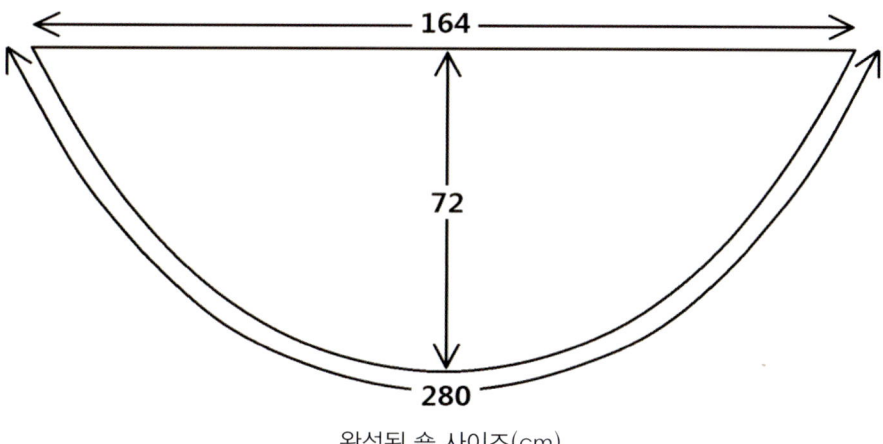

완성된 숄 사이즈(cm)

28쪽
하트 삼각숄

사용한 실 : 빈센트(60g × 2¼볼)
사용한 바늘 : 5mm 대바늘

도안

♥1 숄 시작코 만들기(Tip 1-2 참고)
양방향 3코 만들기로 본바늘에 3코를 잡아 가터뜨기 6단을 뜬 후, 단 왼쪽 면에서 무늬코가 될 3코를 줍고, 보조바늘이 3코를 겉뜨기로 떠 총 9코를 만든다.

♥2 Base Chart - 아래 도안과 같이 1~32단까지 1회 뜬다(총 73코).

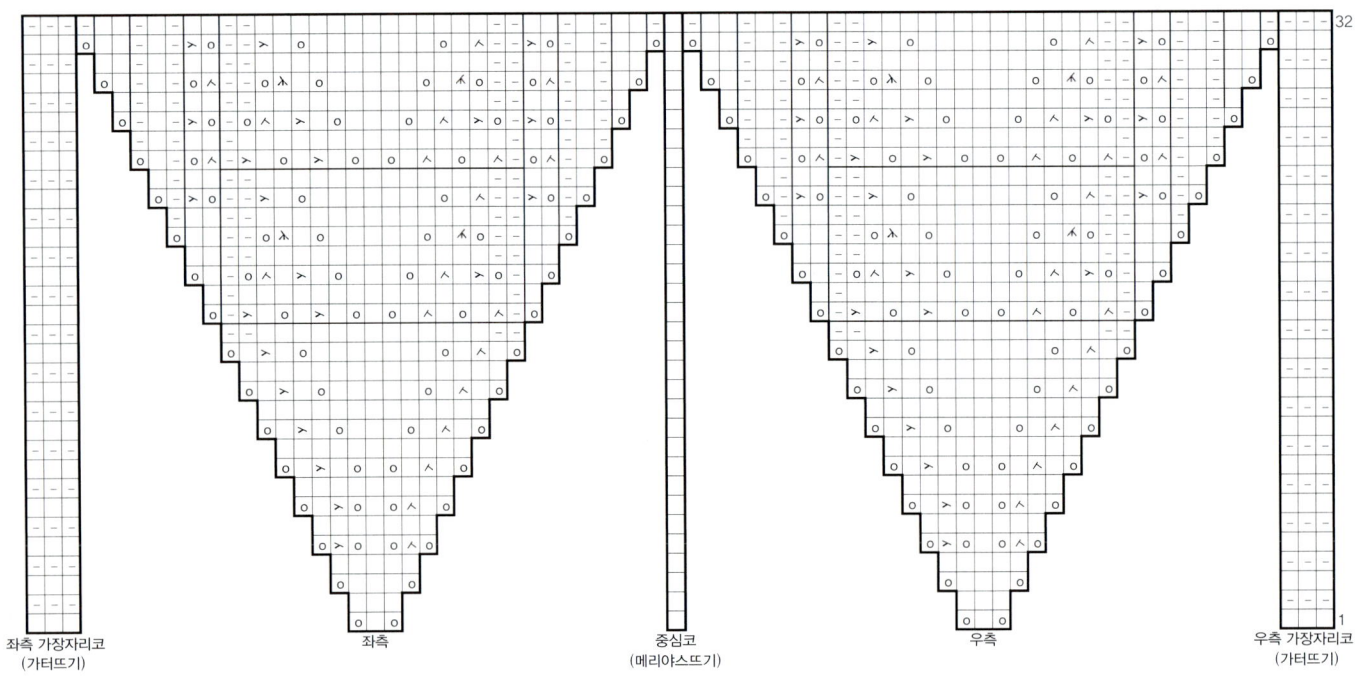

♥3 Main Chart I- 아래의 1~48단을 2회 반복하며, 앞으로는 우측 도안만 표기된다(총 265코).
  ※ 좌우 양쪽 가장자리의 3코씩(총 6코)은 계속 가터뜨기로, 중심코(1코)는 메리야스뜨기로, 좌측은 우측 무늬와 동일하게 뜬다.

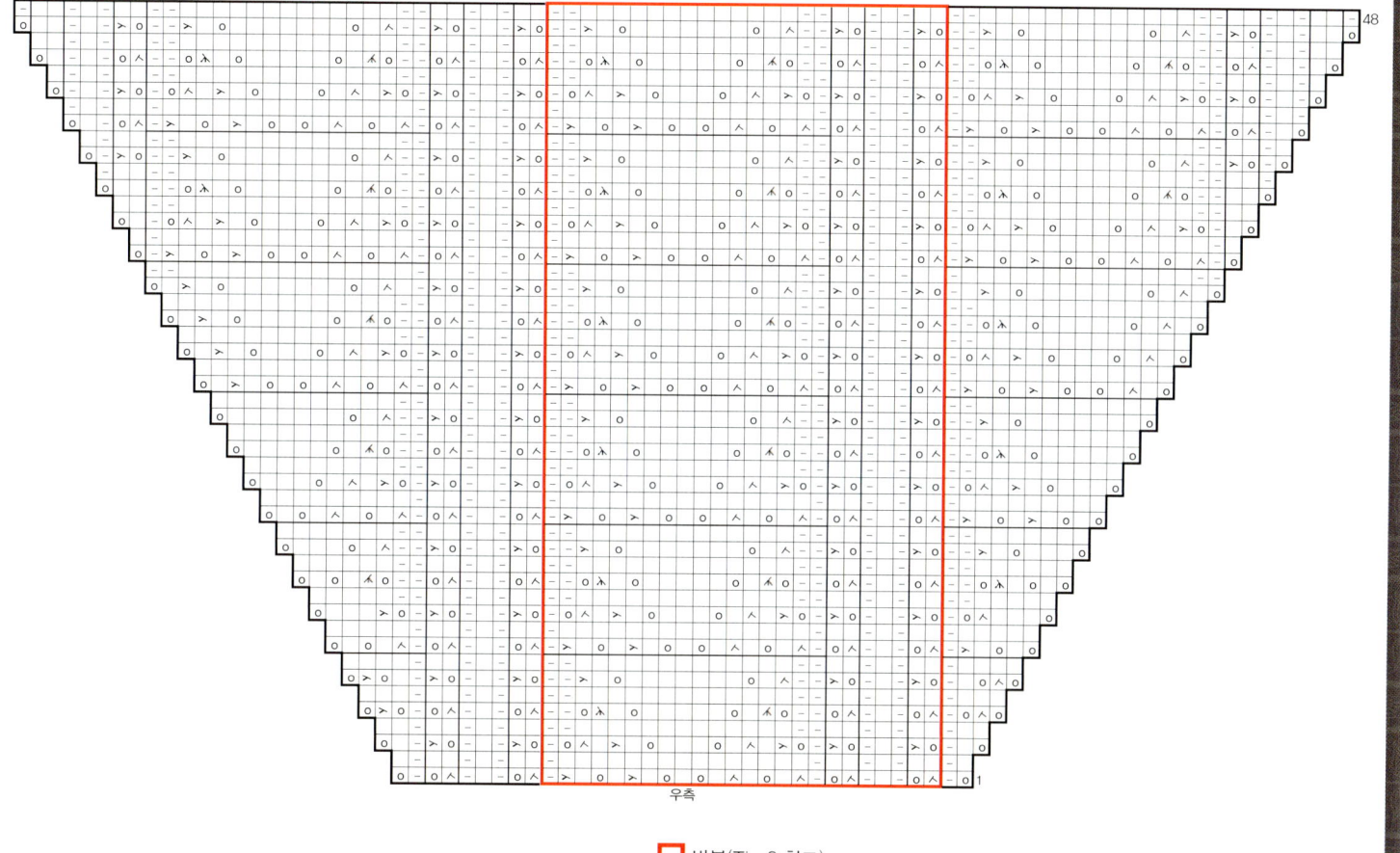

□ 반복(Tip 9 참고)

♥4 Main Chart II - 아래 도안과 같이 1~6단까지 1회 뜬다(총 277코).
　　※ 좌우 양쪽 가장자리의 3코씩(총 6코)은 계속 가터뜨기로, 중심코(1코)는 메리야스뜨기로, 좌측은 우측 무늬와 동일하게 뜬다.

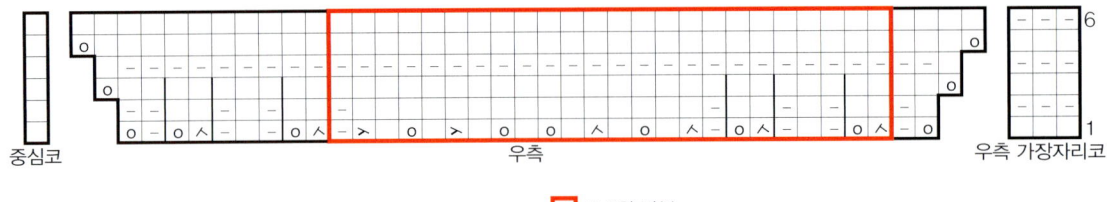

♥5 Edge Chart I - 아래 도안과 같이 1~16단까지 1회 뜬다(총 309코).
　　※ 좌우 양쪽 가장자리의 3코씩(총 6코)은 계속 가터뜨기로, 중심코(1코)는 메리야스뜨기로, 좌측은 우측 무늬와 동일하게 뜬다.

♥6 Edge Chart II - 아래 도안과 같이 1~18단까지 1회 뜬다(총 345코).
　　※ 좌우 양쪽 가장자리의 3코씩(총 6코)은 계속 가터뜨기로, 중심코(1코)는 메리야스뜨기로, 좌측은 우측 무늬와 동일하게 뜬다.

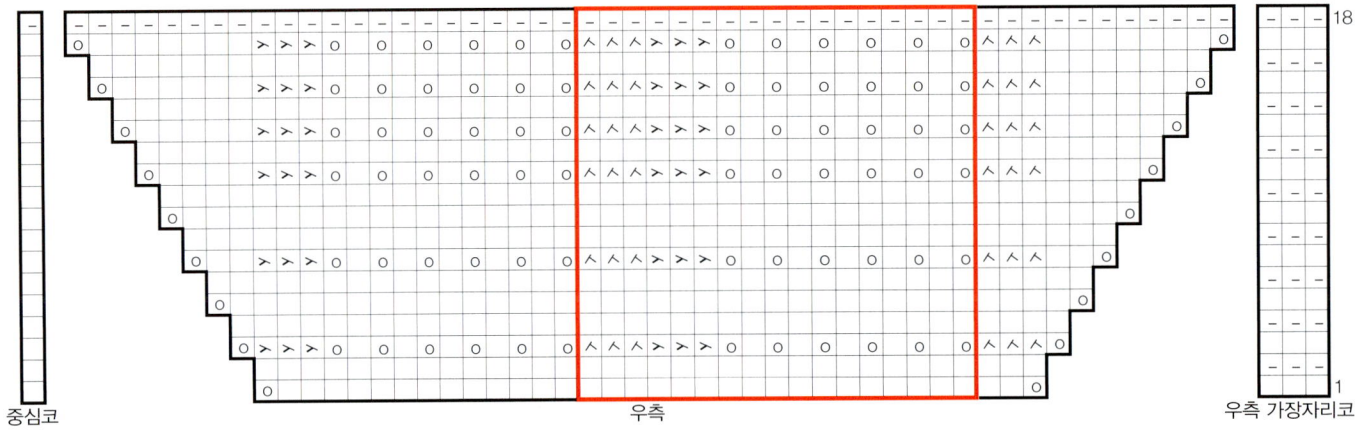

♥7 코막음
모든 코들을 겉뜨기로 한 단 뜬다(겉면).
다음 단(뒷면)에서 이중 겉뜨기 코막음(Tip 2-2 참고)으로 코막음하여 마무리한다.

♥8 완성된 삼각숄을 블로킹(Tip 10 참고)한다.

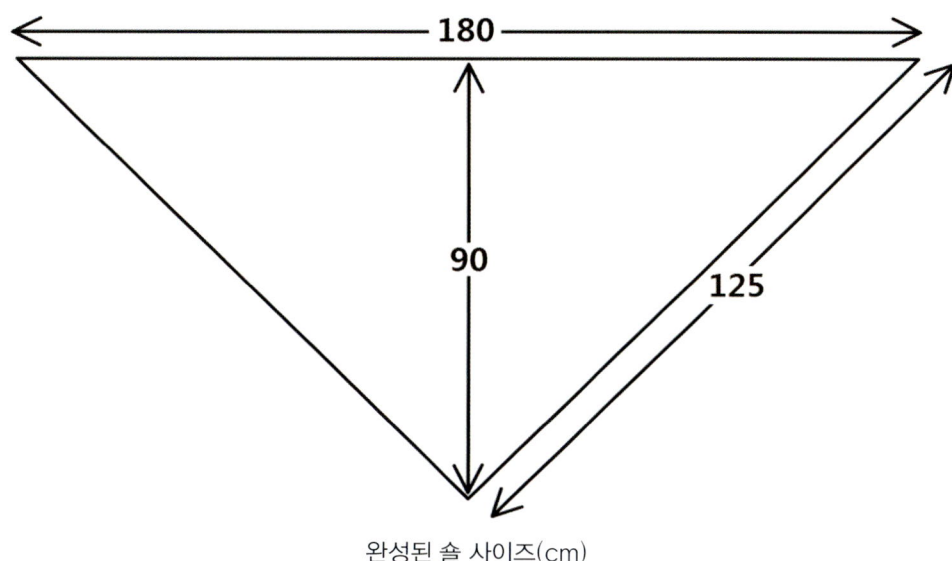

완성된 숄 사이즈(cm)

29쪽

하트 스톨

사용한 실: 다누베(40g X 3볼)
사용한 바늘: 4mm 대바늘

도안

♥1 양방향 105코 만들기(Tip 1-1 참고)로 본바늘에 105코(이 코들은 첫 번째 단이 된다)를 잡아, 아래 도안처럼 두 번째 단을 뜬다
(양방향으로 코를 만든 후 본바늘의 105코를 먼저 뜨며, 보조바늘의 105코는 쉼코로 걸어 둔다).

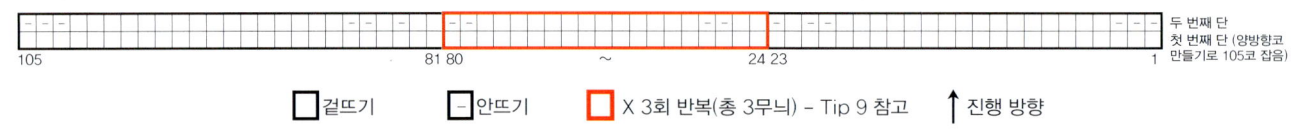

□ 겉뜨기   − 안뜨기   ☐ X 3회 반복(총 3무늬) − Tip 9 참고   ↑ 진행 방향

♥2 아래 도안 1~16단을 14회 반복하여 뜬다(총 105코).

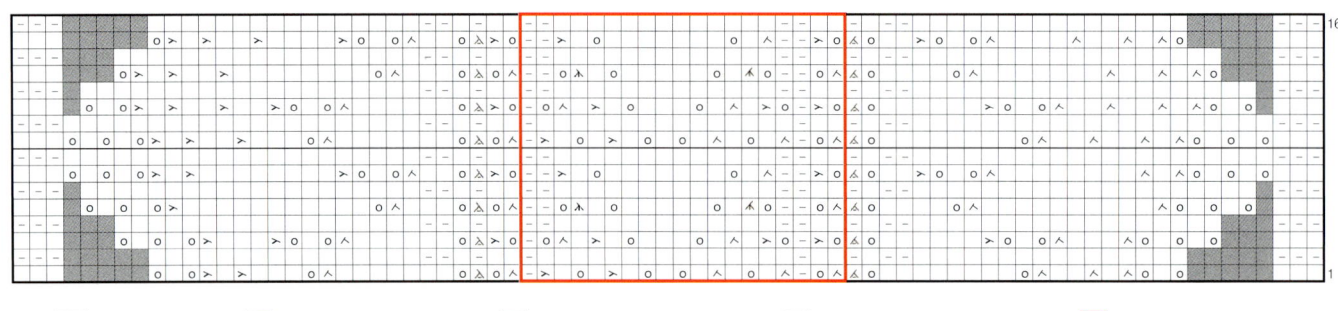

o 바늘비우기   ↘ 왼코 2코 모아뜨기   ↗ 오른코 2코 모아뜨기   ⅄ 왼코 중심 3코 모아뜨기   ☐ X 3회 반복(총 3무늬)
▨ 빈코(없는 코)   ⋏ 왼코 2코 모아안뜨기   ⋏ 오른코 2코 모아안뜨기   ⋏ 오른코 중심 3코 모아뜨기

♥3 아래 도안 1~4단을 뜬다(총 109코).

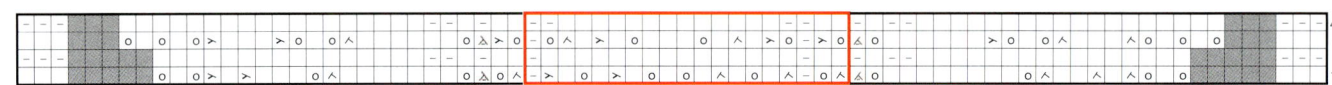

☐ X 3회 반복(총 3무늬)

♥4 아래 도안 1~4단을 뜬다(총 115코).
(1단에서는 스톨의 중앙 부분 3코만 중심 3코 모아뜨기한다)

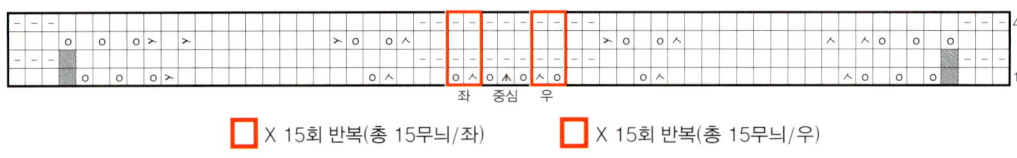

좌 중심 우

☐ X 15회 반복(총 15무늬/좌)   ☐ X 15회 반복(총 15무늬/우)
⋏ 중심 3코 모아뜨기

♥5 아래 도안 1~14단을 뜬다(총 113코).

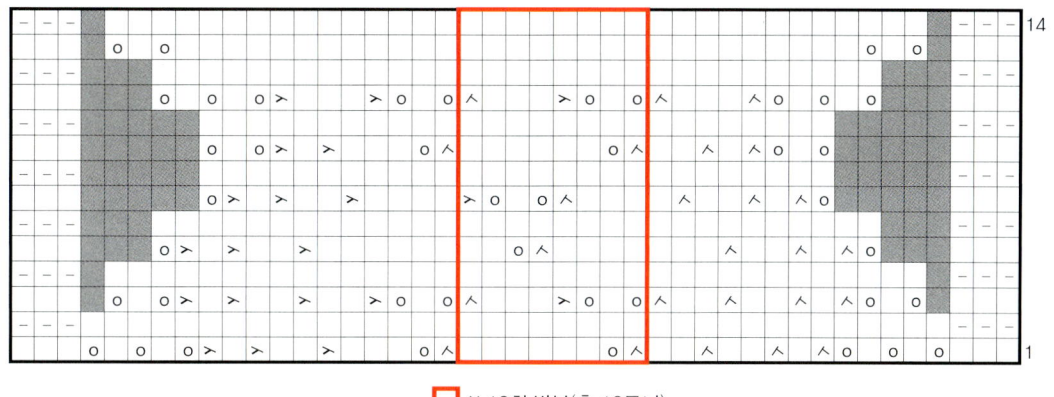

♥6 아래 도안 1단~10단을 뜬다(총 115코).

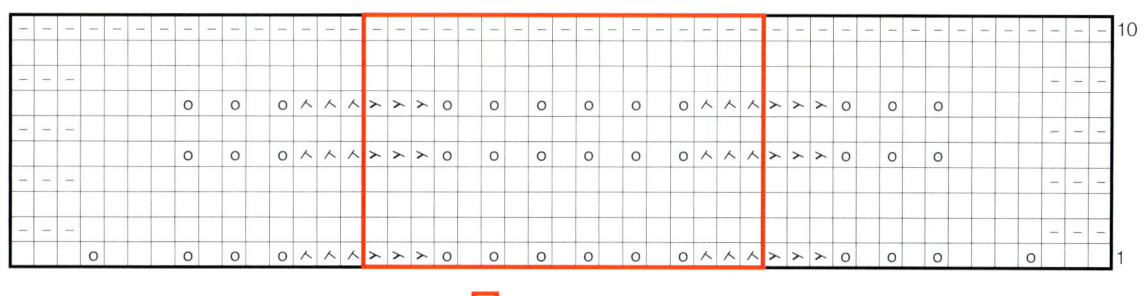

♥7 코막음
모든 코들을 겉뜨기로 한 단 뜬다(겉면).
다음 단(뒷면)에서 이중 겉뜨기 코막음(Tip 2-2 참고)으로 코막음하여 마무리한다.

♥8 ♥1에서 쉼코로 걸어 둔 보조바늘의 105코를 ♥1~♥7의 방법으로 동일하게 떠서 스톨을 완성한다.
♥1에서와 마찬가지로 보조바늘의 105코가 첫 번째 단이 된다.

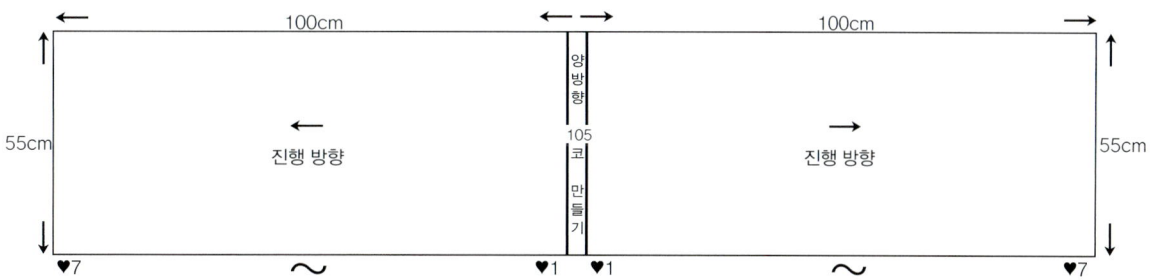

♥9 완성된 스톨을 블로킹(Tip 10 참고)한다.

30쪽

허브 반원숄

사용한 실: 킹 베이비 라마 & 멀베리 실크(100g X 2타래)
사용한 바늘: 6mm 대바늘

도안

♥1 숄 시작코 만들기(Tip 1-2 참고)
양방향 3코 만들기로 본바늘에 3코를 잡아 가터뜨기 6단을 뜬 후, 단 왼쪽 면에서 무늬코가 될 3코를 줍고, 보조바늘의 3코를 겉뜨기로 떠 총 9코를 만든다.

♥2 First Chart I - 아래 도안과 같이 뜬다(총 77코).

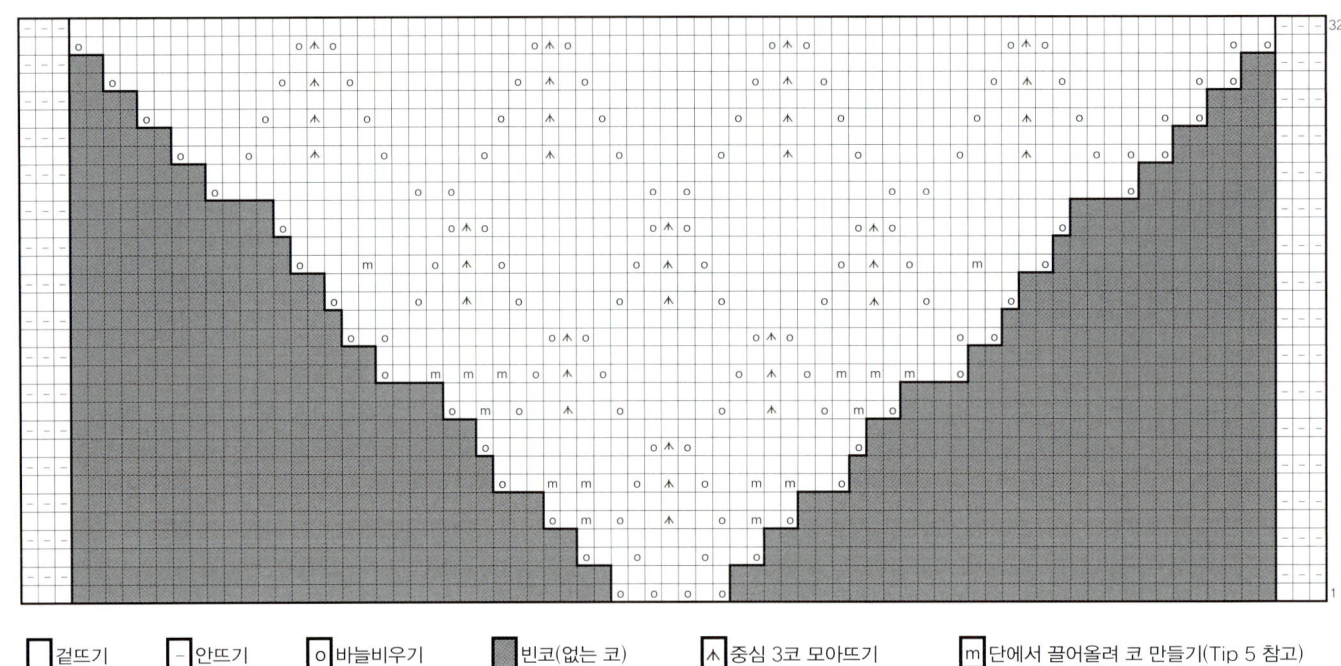

□ 겉뜨기 ─ 안뜨기 o 바늘비우기 ■ 빈코(없는 코) ㅅ 중심 3코 모아뜨기 m 단에서 끌어올려 코 만들기(Tip 5 참고)

♥3 First Chart II - 아래 도안과 같이 뜬다(총 95코).

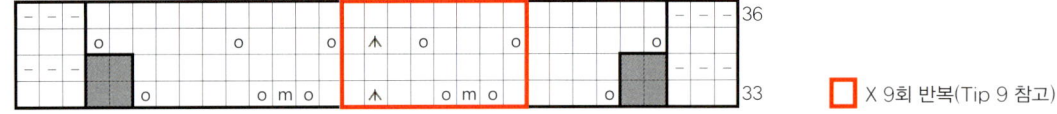

□ X 9회 반복(Tip 9 참고)

p.76 30쪽 **허브 반원숄** (2016년 5월 15일 1판 2쇄)

⬇ 현재내용

♥2 First Chart I – 아래 도안과 같이 뜬다(총 77코).

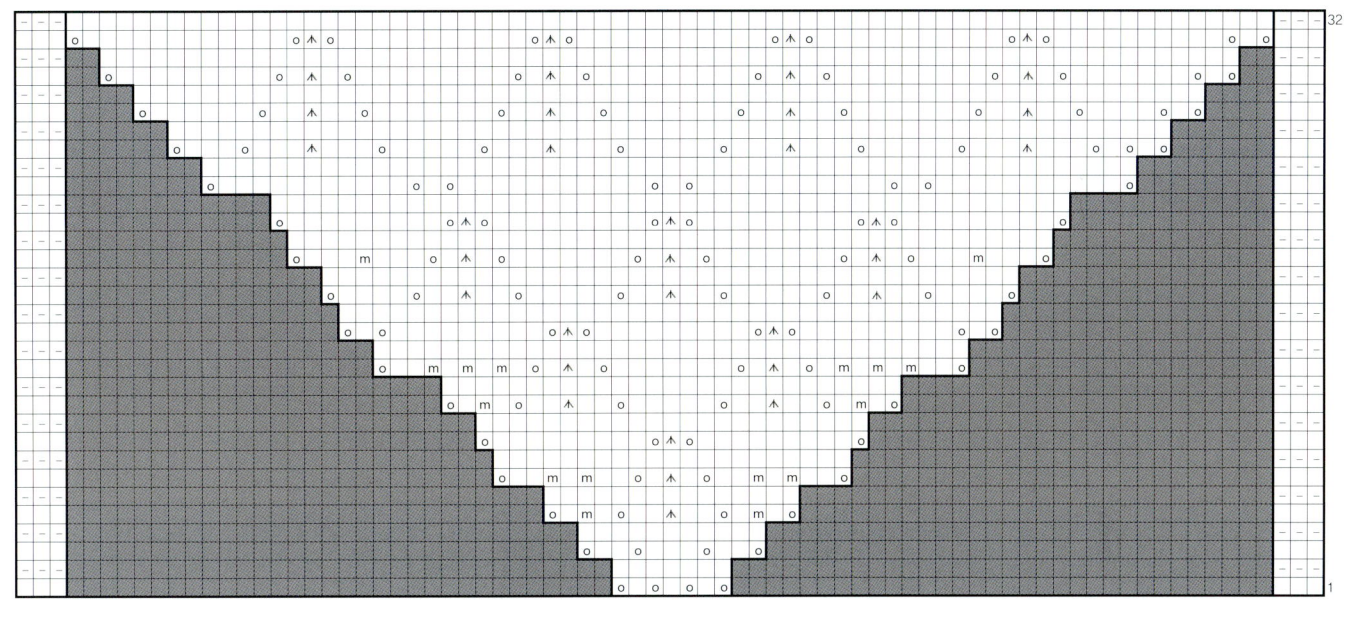

⬇ 수정내용

♥2 First Chart I – 아래 도안과 같이 뜬다(총 77코).

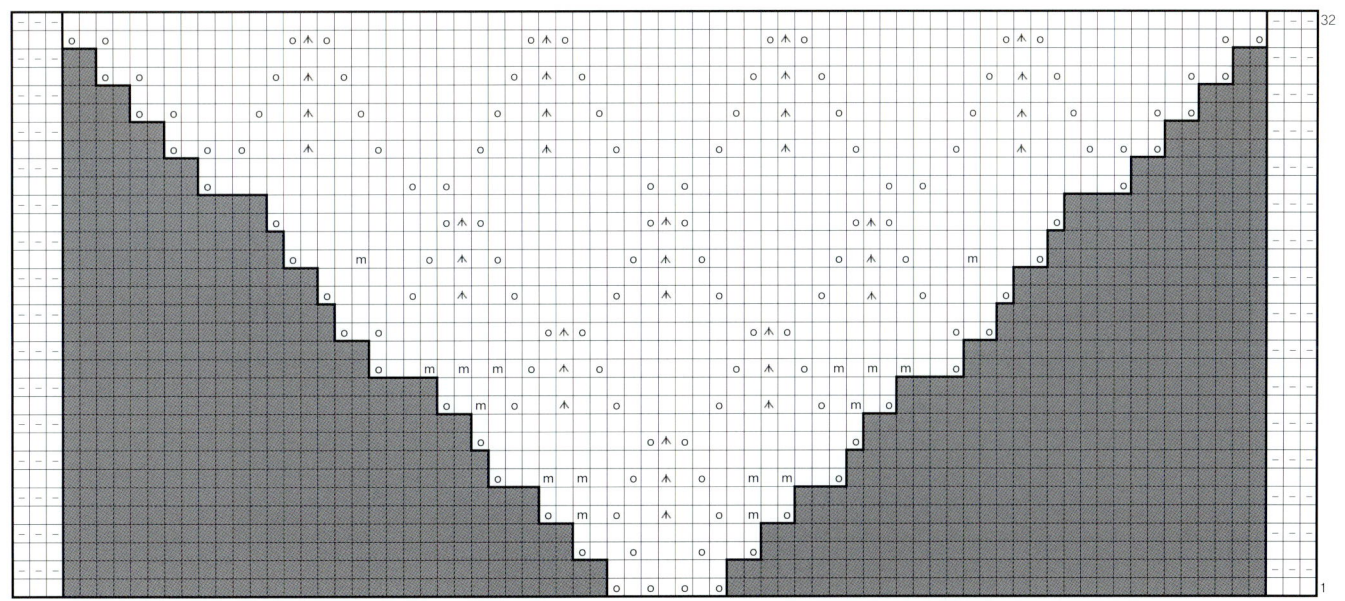

♥4 Middle Chart I - 아래 도안과 같이 뜬다(총 143코).

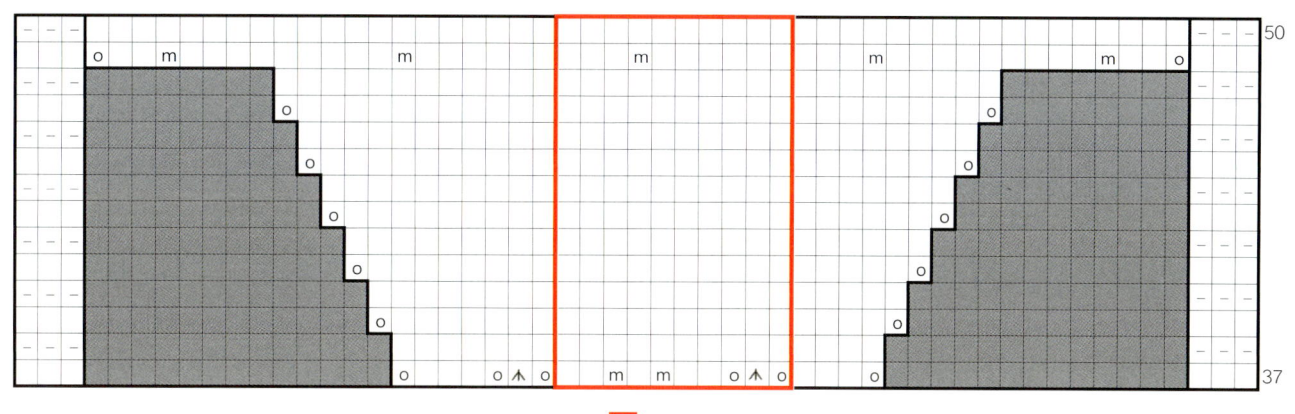

♥5 Middle Chart II - 아래 도안과 같이 뜬다(총 159코).

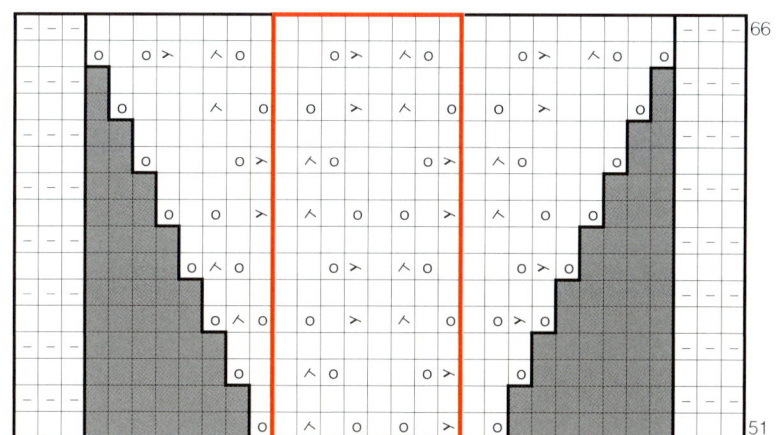

♥6 Middle Chart III - 아래 도안과 같이 뜬다(총 177코).

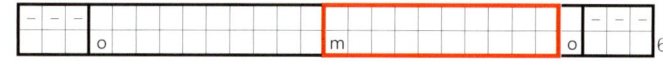

♥7 Middle Chart Ⅳ – 아래 도안과 같이 뜬다(총 203코).

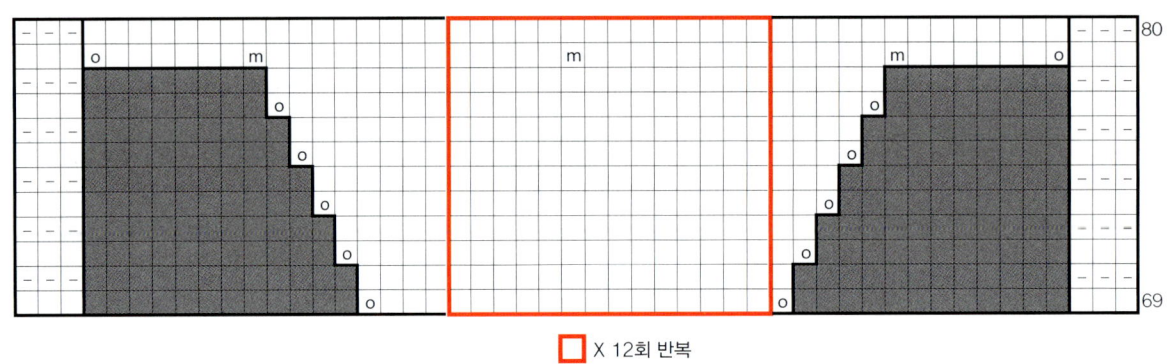

♥8 Last Chart Ⅰ – 아래 도안과 같이 뜬다(총 215코).

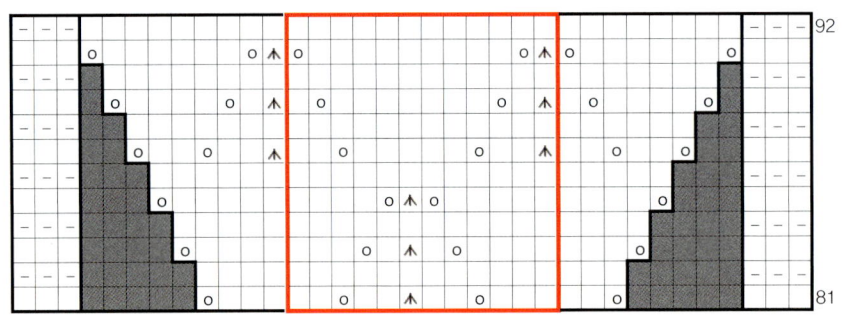

♥9 Last Chart Ⅱ – 아래 도안과 같이 뜬다(총 259코).

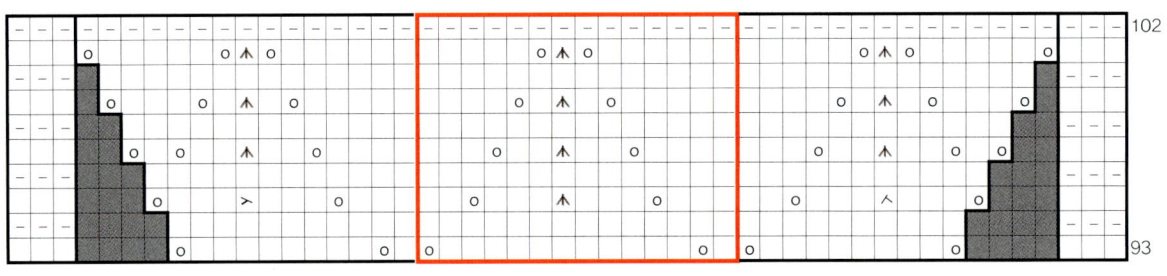

♥10 코막음

모든 코들을 겉뜨기로 한 단 뜬다(겉면).
다음 단(뒷면)에서 이중 겉뜨기 코막음(Tip 2-2 참고)으로 코막음하여 마무리한다.

♥11 완성된 반원숄을 블로킹(Tip 10 참고)한다.

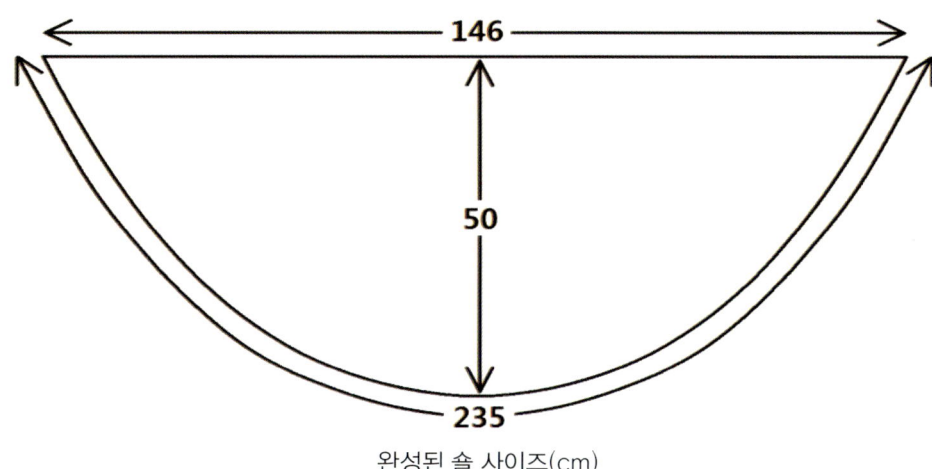

완성된 숄 사이즈(cm)

31쪽
허브 삼각숄

사용한 실 : 슈나벨(50g × 1²/₃볼)
사용한 바늘 : 4mm 대바늘

도안

♥1 숄 시작코 만들기(Tip 1-2 참고)
양방향 3코 만들기로 본바늘에 3코를 잡아 가터뜨기 6단을 뜬 후, 단 왼쪽 면에서 무늬코가 될 3코를 줍고, 보조바늘의 3코를 겉뜨기로 떠 총 9코를 만든다.

♥2 Base Chart - 아래 도안과 같이 1~8단까지 1회 뜬다(총 25코).

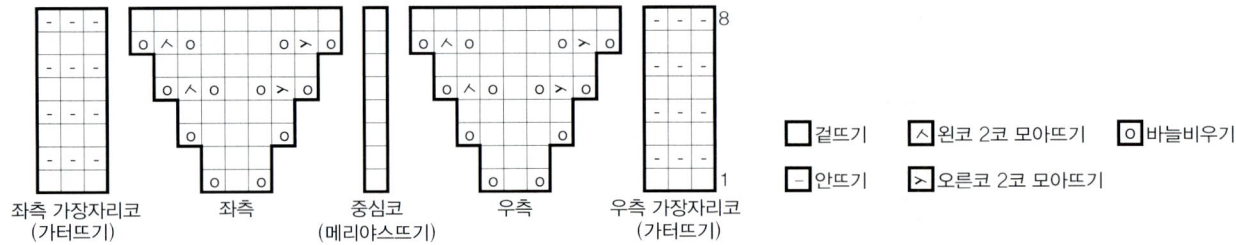

♥3 Main Chart I - 아래의 1~16단을 8회 반복한다(총 281코).

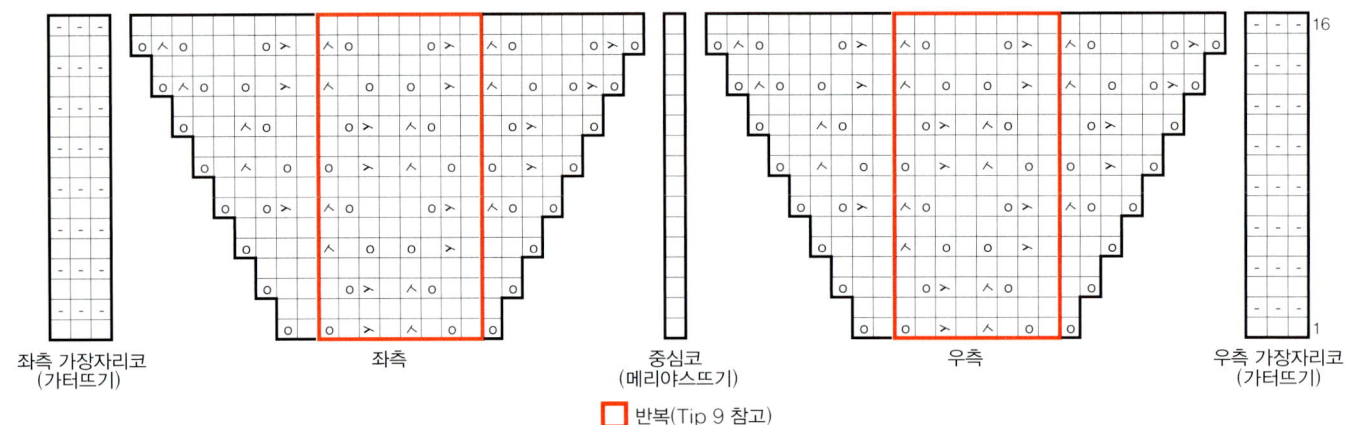

♥4 Main Chart II - 아래 도안을 1회 뜬다(총 285코).

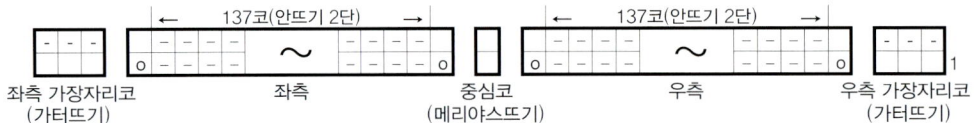

♥5 Edge Chart I - 아래의 1~24단을 1회 떠 주며, 앞으로는 우측 도안만 표기된다(총 333코).
　　※ 좌우 양쪽 가장자리의 3코씩(총 6코)은 계속 가터뜨기로, 중심코(1코)는 메리야스뜨기로, 좌측은 우측 무늬와 동일하게 뜬다.

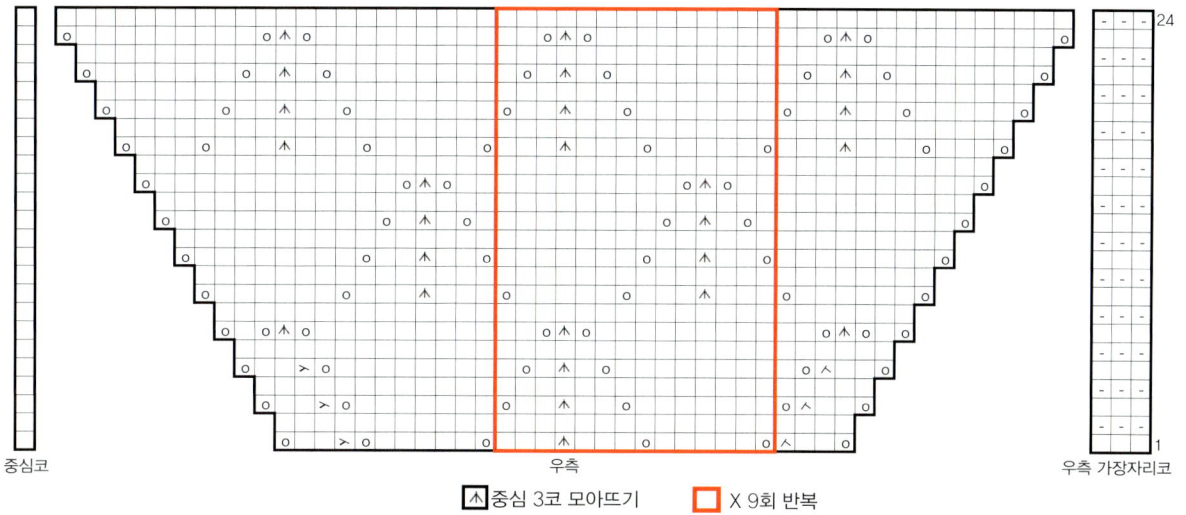

♥6 Edge Chart II - 아래의 1~23단을 1회 떠 준다(총 381코).
　　※ 좌우 양쪽 가장자리의 3코씩(총 6코)은 계속 가터뜨기로, 중심코(1코)는 메리야스뜨기로, 좌측은 우측 무늬와 동일하게 뜬다.

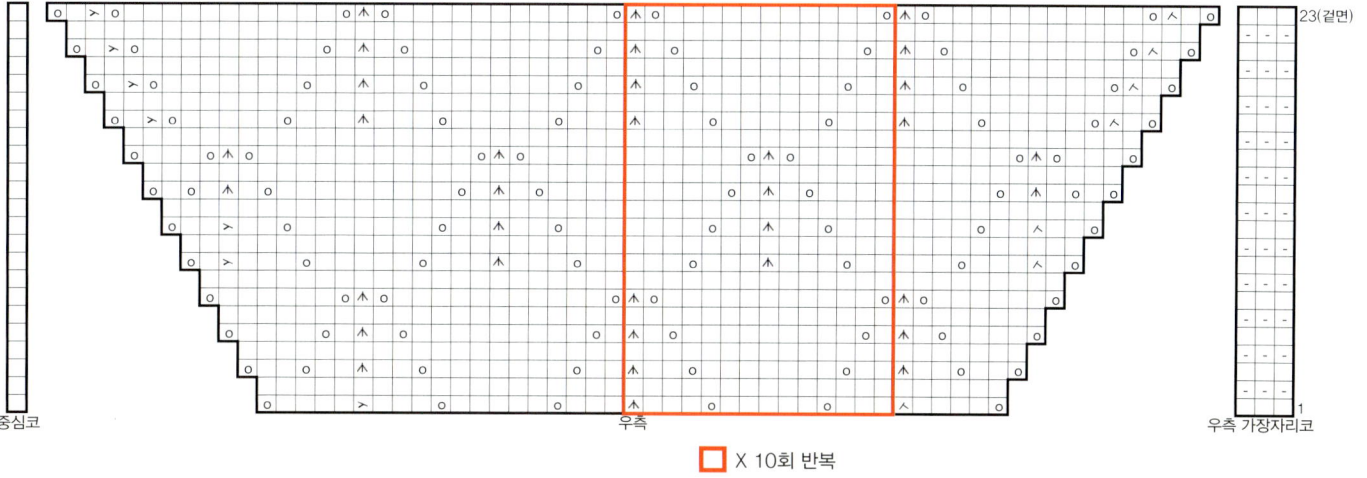

♥7 코막음
　　모든 코들을 겉뜨기로 한 단 뜬다(뒷면).
　　모든 코들을 겉뜨기로 한 단 뜬다(겉면).
　　다음 단(뒷면)에서 이중 겉뜨기 코막음(Tip 2-2 참고)으로 코막음하여 마무리한다.

♥8 완성된 삼각숄을 블로킹(Tip 10 참고)한다.

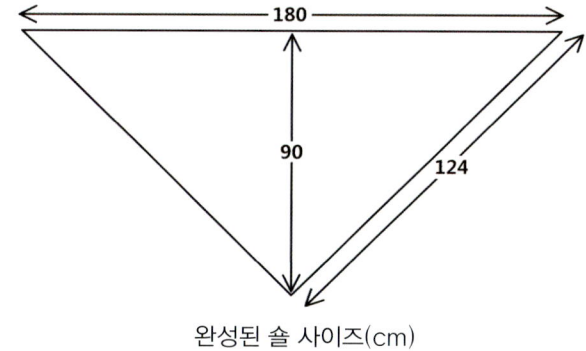

완성된 숄 사이즈(cm)

Chapter 3
유용한 팁

코 만들기

1-1 양방향코 만들기

준비물
본바늘(사용할 호수의 대바늘) 1개
보조바늘(사용할 호수의 대바늘보다 2~3mm 정도 작은 호수의 원형 대바늘) 1개

1 본바늘로 1코를 만들고, 실이 보조바늘 케이블 위로 가도록 걸쳐 준다.

2 본바늘이 케이블 아래로 지나가게 놓고, 실을 본바늘에 걸어 준다.

3 본바늘에 걸린 실이 케이블 아래에서 위로 감기도록 본바늘을 끌어올린다.

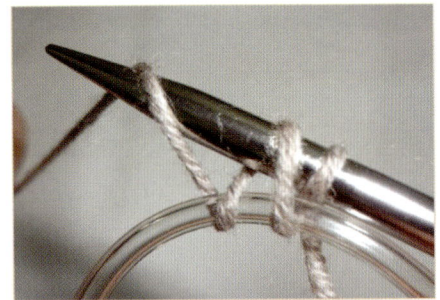

4 끌어올린 본바늘 위로 실을 감아 준다.

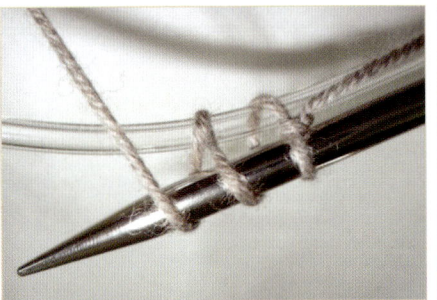

5 본바늘에 걸린 실이 케이블 위로 지나가도록 본바늘을 아래로 돌려 내린다(실의 위치가 1과 같아진다).

6 필요한 콧수가 될 때까지 2~5를 반복한다 (이때 마지막은 3에서 끝난다). 양방향 8코 만든 모습

1-2 숄 시작코 만들기

준비물
본바늘(사용할 호수의 대바늘) 1개
보조바늘(사용할 호수의 대바늘보다 2~3mm 정도 작은 호수의 원형 대바늘) 1개

1 양방향 3코 만들기(Tip 1-1)로 좌우 가장자리코를 두 바늘에 각각 만든다(사진-본바늘 3코, 보조바늘 3코).

2 본바늘의 코를 '필요한 무늬코X2'의 수만큼 가터단을 뜬다(사진-필요한 무늬코 3개X2 =가터뜨기 6단).

※ 떠야 할 단수 = (필요한 무늬코 X 2)

3 왼쪽 옆의 안뜨기단에서, 첫 무늬코를 줍게 될 부분을 왼쪽 바늘로 끌어올려 오른쪽 바늘로 겉뜨기한다(무늬코 줍는 위치는 2의 사진을 참고).

4 같은 방법으로 왼쪽 옆의 안뜨기단에서 무늬코를 모두 주워 겉뜨기한다(사진-3개의 무늬코).

5 다른 한쪽의 가장자리 코인, 보조바늘의 코를 겉뜨기 한다(사진-총 9코 완성).

※ 사진의 예는 무늬코가 3코, 가장자리코가 총 6코(좌측 3코, 우측 3코)인 경우의 설명이다(총 9코 만들기).

1-3 연속코 만들기
연속코 만들기는 많은 코를 만들어 떠야 할 때, 실을 짧게 남기고 코를 만들 수 있는 장점이 있다.

1 1코를 만들어, 그 코를 겉뜨기로 뜬다.

2 1에서 뜬 코를 사진처럼 돌려 왼쪽 바늘에 걸어 준다(1의 사진에 표시한 화살표 방향으로 코를 돌려 건다).

3 돌려서 걸어 준 2의 코를 겉뜨기로 뜬다.

4 겉뜨기로 뜬 코를 2의 방법처럼 돌려 걸어 준다.

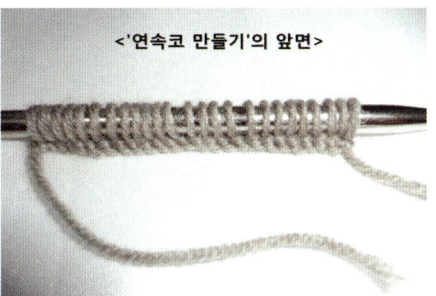

5 3과 4를 반복하여 필요한 코를 만든다.

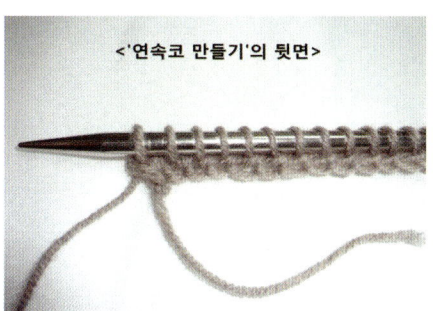

1-4 원형코 만들기

준비물
짧은 막대바늘 4~5개, 코바늘

1 실을 2~3번 감아 루프를 만들어 준다.

2 감아 준 루프에 코바늘을 통과하여 실을 끌어 올린다.

3 2에서 끌어올린 실고리에 코바늘로 1코를 만들어 막대바늘에 옮겨 걸어 준다.

4 2와 3을 반복하여 필요한 원형코를 만들어 3~4개의 바늘에 나눠 걸어 준다(남은 1개의 바늘은 뜰 때 사용).

5 원형코가 완성되면 감아 놓은 루프 끝을 잡아 당겨서 중앙의 구멍을 없앤다(사진-12개의 원형코).

Tip 2
코 마무리

2-1 덮어씌워 코막음

※ 사진의 예는 겉뜨기로 덮어씌워 코막음을 하는 방법이며, 안뜨기로 덮어씌워 코막음을 할 때는 겉뜨기를 안뜨기로 바꾸어 뜨면 된다.

1 겉뜨기로 두 코를 뜬다.

2 먼저 뜬 코를, 나중에 뜬 코에 덮어 씌운다(1코 덮어씌워 코막음한 상태).

3 다시 다음 코를 겉뜨기로 뜬다.

4 2와 3을 반복, 마지막은 2에서 끝난다. 오른쪽 바늘에 남은 마지막 한 코는 실을 통과시킨 후 당겨 마무리한다.

2-2 이중 겉뜨기 코막음

※ 이중 겉뜨기 코막음은 뒷면에서 마무리할 때 주로 쓰는 방법이다. 이중 겉뜨기 코막음을 하면 느슨한 마무리가 되어 블로킹에 용이하며 끝단 말림을 방지한다.

1 겉뜨기로 두 코를 뜬다(주로 뒷면에서 하는 마무리 방법이다).

2 앞서 뜬 두 코를 왼쪽 바늘에 옮기고, 옮긴 두 코를 함께 모아뜨기한다.

3 다음 한 코를 겉뜨기한다.

4 3의 두 코를 다시 왼쪽 바늘로 옮겨 두 코를 함께 모아뜨기한다.

5 오른쪽 바늘에 마지막 한 코가 남을 때까지 3과 4를 반복한다. 남은 코에 실을 통과하여 풀리지 않도록 당겨 마무리한다.

[이중 겉뜨기 코막음을 겉면에서 보았을 때]
가터단 마무리 효과가 있어 끝단 말림을 방지한다.

2-3 이중 안뜨기 코막음

Tip 2-2의 이중 겉뜨기 코막음과 같은 방법으로 뜨되, 겉뜨기를 안뜨기로 바꾸어 뜨면 된다.

※ 이중 안뜨기 코막음은 겉면에서 마무리할 때 주로 쓰는 방법이며, 느슨한 마무리가 되어 블로킹에 용이하고 끝단 말림을 방지한다.

겉면에서 이중 안뜨기 코막음을 했을 경우

[이중 안뜨기 코막음을 뒷면에서 보았을 때]
가터단 마무리 효과가 있어 끝단 말림을 방지한다.

2-4 피코뜨기 코막음

덮어씌워 코막음(Tip 2-1)을 하면서 일정한 간격으로 피코 무늬를 넣어 주는 코막음 방법이다.

1 피코 무늬가 만들어지기 전까지의 코를 덮어씌워 코막음(Tip 2-1)한다.

2 오른쪽 바늘에 걸려 있는 코(피코 무늬가 만들어질 코)를 왼쪽 바늘로 옮긴다.

3 왼쪽 바늘로 옮긴 코를, 연속코 만들기(Tip 1-3)하여 두 번째 코를 만든다.

4 3의 코를 같은 방법으로 한 코 더 늘려 세 코로 만들어 준다.

5 4, 3, 2의 코를 덮어씌워 코막음하여 사진처럼 피코 무늬를 만든다.

6 1~5의 방법을 반복하여 모든 코를 피코뜨기 코막음한다.

무늬 양끝에서 바늘비우기하여 코를 늘리고, 다음 단에서 꼬아뜨기하는 방법

※ '바늘비우기한 코를 다음 단에서 꼬아뜨기'할 때는 아래 사진처럼 코의 방향에 유의하여 바늘비우기할 때 미리 코를 꼬아 준다.

양측으로 늘어나는 무늬의 중심축(노란색으로 표시)을 기준으로, 오른쪽 부분(빨간색)의 꼬아뜨기는 우측으로 꼬아 주고, 왼쪽 부분(초록색)의 꼬아뜨기는 좌측으로 꼬아 준다.
{우측과 좌측의 '1단'에 있는 꼬아뜨기(중심축 라인에 있는 1개의 꼬아뜨기)는 꼬임의 방향이 어느 쪽이든 무방하다}

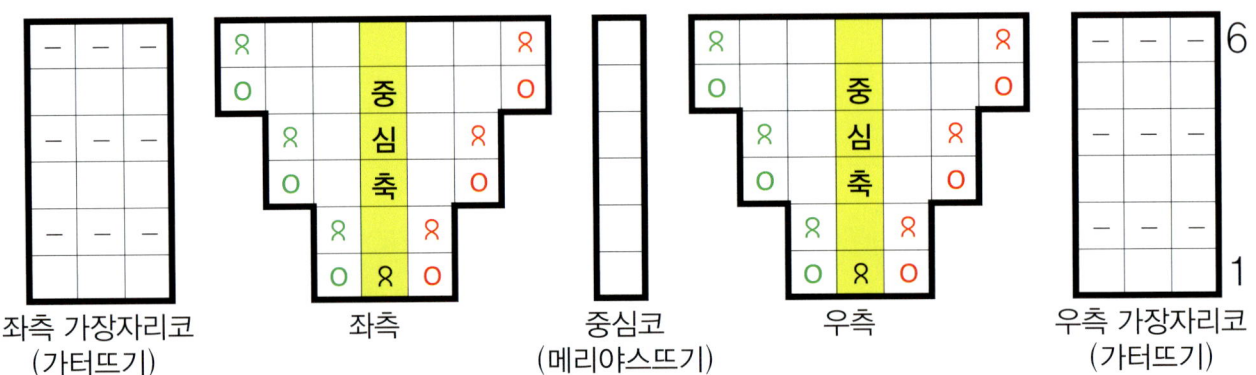

좌로 꼬아뜨기 : 겉면에서 봤을 때

우로 꼬아뜨기 : 겉면에서 봤을 때

연속 바늘비우기코 꼬아뜨기하는 방법

※ '연속 바늘비우기를 한 후 다음 단에서 꼬아뜨기'할 때는 아래 사진처럼 코의 방향에 유의하여 바늘비우기할 때 미리 코를 꼬아 준다.

1단(겉면)의 연속 바늘비우기나 2단(뒷면)의 연속 바늘비우기나 코의 방향은, 겉면에서 봤을 때는 1처럼 되어야 하고, 뒷면에서 봤을 때는 2처럼 되어야 한다.

□ 겉뜨기　■ 빈코(없는 코)　O 바늘비우기　ᵷ 꼬아뜨기

※ 사진의 예는 '1단'의 연속 바늘비우기를 '2단'에서 꼬아뜨기하는 모습이다.

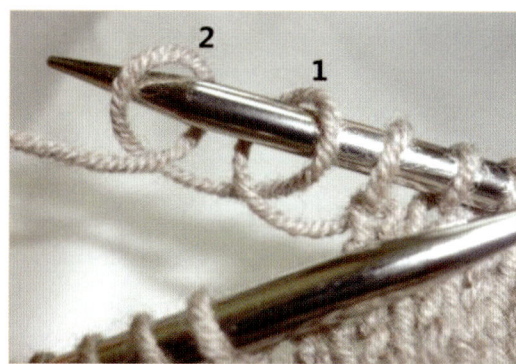

1 코의 방향이 서로 반대가 되도록 꼬아 두 코를 만든다 (겉면에서 보았을 때).

2 뒷면에서 보았을 때 두 코의 꼬임 방향은 사진과 같다.

3 다음 단에서 2번 코를 뜰 때, 사진처럼 오른쪽 바늘을 찔러 넣어 뜬다.

4 1번 코를 뜰 때는, 사진처럼 오른쪽 바늘을 찔러 넣어 뜬다.

'm' 뜨는 방법(단에서 끌어올려 코 만들기)

코와 코 사이의 가로로 연결된 실을 끌어올려 코를 늘려 주는 방법이다. 'm' 뜨는 방법으로 코를 늘려 주면 바늘비우기로 코를 늘려 줄 때보다 작은 구멍이 생기게 된다.

1 코와 코 사이를 살짝 벌려 주면 화살표로 표시한 가로로 연결된 실이 보인다.

2 1의 실을 왼쪽 바늘로 끌어올려 오른쪽 바늘로 겉뜨기하여 1코를 늘려준다.

3 'm' 뜨는 방법으로 1코 늘리기가 완성된 모습이다.

바늘비우기코 옆의 'M' 뜨는 방법

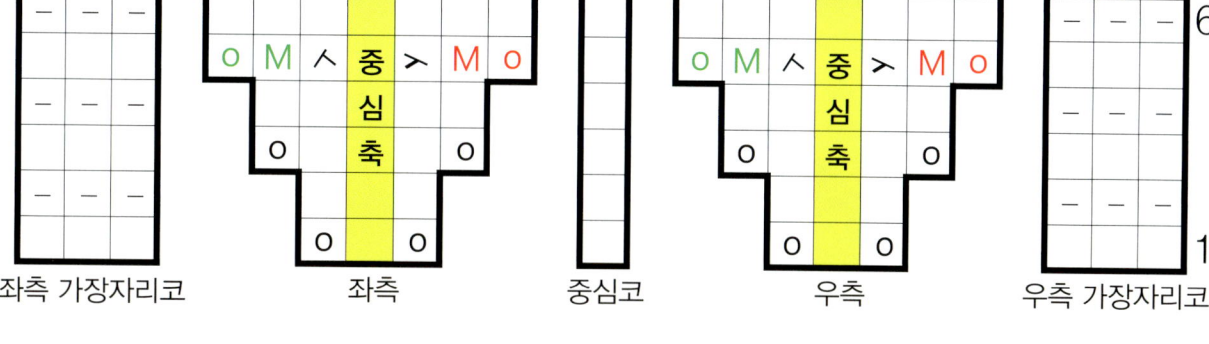

'M'을 먼저 뜨고 바늘비우기를 하는 경우는 초록색 방법으로, 바늘비우기를 먼저 하고 'M'을 뜨는 경우는 빨간색 방법으로 뜬다.

[왼쪽 무늬 끝단에서 M으로 코를 늘린 후 바늘비우기하는 경우]

1 편물을 양옆으로 살짝 당겨, 나타나는 작은 삼각형 부분을 찾는다.

2 1의 삼각형 부분에서 화살표 방향으로 한 코를 줍고(M), 그다음 바늘비우기를 한다.

[오른쪽 무늬 끝단에서 바늘비우기한 후 M으로 코를 늘리는 경우]

1 바늘비우기를 하고, 편물을 옆으로 살짝 당겨, 작은 삼각형 부분을 찾는다.

2 1의 삼각형 부분에서 화살표 방향으로 한 코를 줍는다(M).

'B' 뜨는 방법 (방울 만들기)

사진의 예는 겉면에서 방울이 될 7개의 코를 만들고, 뒷면에서 7개의 코를 모아안뜨기하여 방울을 만드는 방법이다. 만약, 원통뜨기로 인해 겉면에서 방울이 될 7개의 코를 만들고, 겉면에서 모아뜨기를 할 경우에는 7개의 코를 모아 겉뜨기로 뜨면 된다.

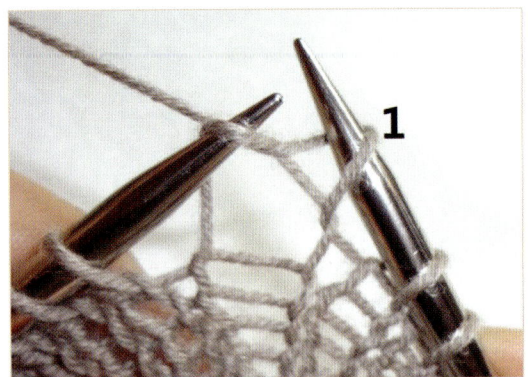

1 겉뜨기로 한 코를 뜨고, 왼쪽 바늘의 코를 빼지 않고 그대로 둔다(1코).

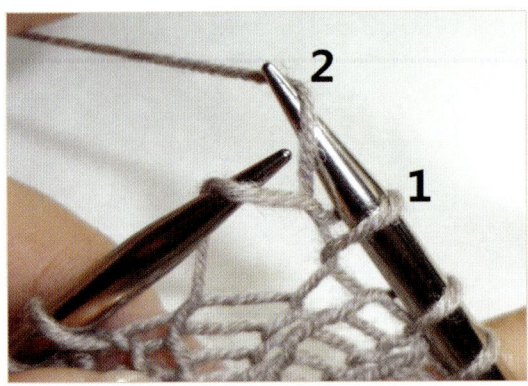

2 1의 상태에서 오른쪽 바늘에 바늘비우기를 한다(2코).

3 2의 상태에서 빼지 않고 둔 왼쪽 바늘의 코에 다시 겉뜨기로 한 코를 뜬다(3코).

4 2와 3의 순서로 두 번 더 반복하여 오른쪽 바늘에 총 7코를 만들고 왼쪽 바늘의 코를 뺀다.

5 다음 단을 뜰 때, 전 단에서 만들어 놓은 4의 7코를 한꺼번에 모아안뜨기한다.

6 모아안뜨기한 7개의 코는 방울 무늬가 된다.

1코에 (겉뜨기+안뜨기)하여 2코로 늘리는 방법

1 겉뜨기로 한 코를 뜨고, 왼쪽 바늘의 코를 빼지 않고 그대로 둔다(1코).

2 1의 상태에서 실을 앞쪽으로 넘기고, 오른쪽 바늘을 왼쪽바늘의 코 뒤쪽에서 앞쪽으로 찔러 준다.

3 2의 상태에서 안뜨기로 한 코를 뜨고(2코), 왼쪽 바늘의 코를 빼서 완성한다.

숄 뜨기에서 '☐ x ◯회 반복'이란?

아래 그림처럼 ☐ 부분만 뜨는 횟수를 늘려 반복해서 뜨면 된다.

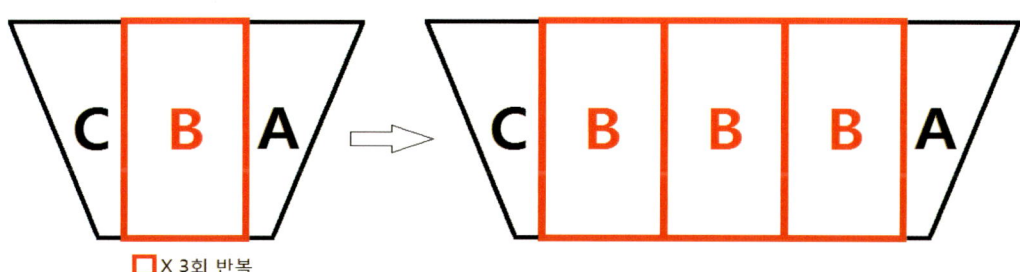

☐ X 3회 반복

※ '☐ 반복'이라고 표기된 경우에는, A부분을 뜨고 C를 뜰 콧수가 남을 때까지 B를 반복한 후 C를 뜨면 된다.

블로킹이란?

선명한 레이스 무늬를 표현하기 위하여, 편물의 형태를 고르고 평평하게 손질하여 건조하는 과정을 말한다.

※ 블로킹은 100% 동물성 섬유의 실이나 동물성 섬유의 함량이 높은 실일 경우에만 가능하다. 식물성 섬유의 실이나 합성 섬유의 실일 경우에는 핀으로 고정한 후 스팀다리미를 이용하여 다림질을 해 주면 되는데, 이때 다리미판이 편물에 직접 닿지 않도록 주의하면서 뜨거운 스팀을 충분히 주며 다려 준다(중온 정도의 온도 유지).

[블로킹하는 모습 – 숄의 에징을 살려, 균등한 간격으로 충분히 늘려 고정시킨다]

1 미지근한 물로 손세탁한 숄을 두 손으로 눌러 가며 흐르는 물기를 제거한다. 이때 비틀어 짜거나 과도한 힘을 주면 안 된다.

2 마른 수건 사이에 숄을 평평하게 두고, 꾹꾹 눌러 가며 충분히 물기를 제거한다.

3 어느 정도 물기가 제거되면 매트(놀이방 매트나 침대 매트리스를 활용) 위에 숄을 펼쳐 형태를 잡아, 사방으로 균일하게 당겨 에징 무늬를 살려 주며 핀으로 고정한다.

4 완전히 건조될 때까지 핀으로 고정해 주며, 확실한 블로킹을 위해서는 완전히 건조된 후 스팀을 주고 또다시 건조하는 과정을 2~3회 반복하면 된다(완료될 때까지 핀으로 고정).

Chapter 4
뜨개 기호

뜨개 기호

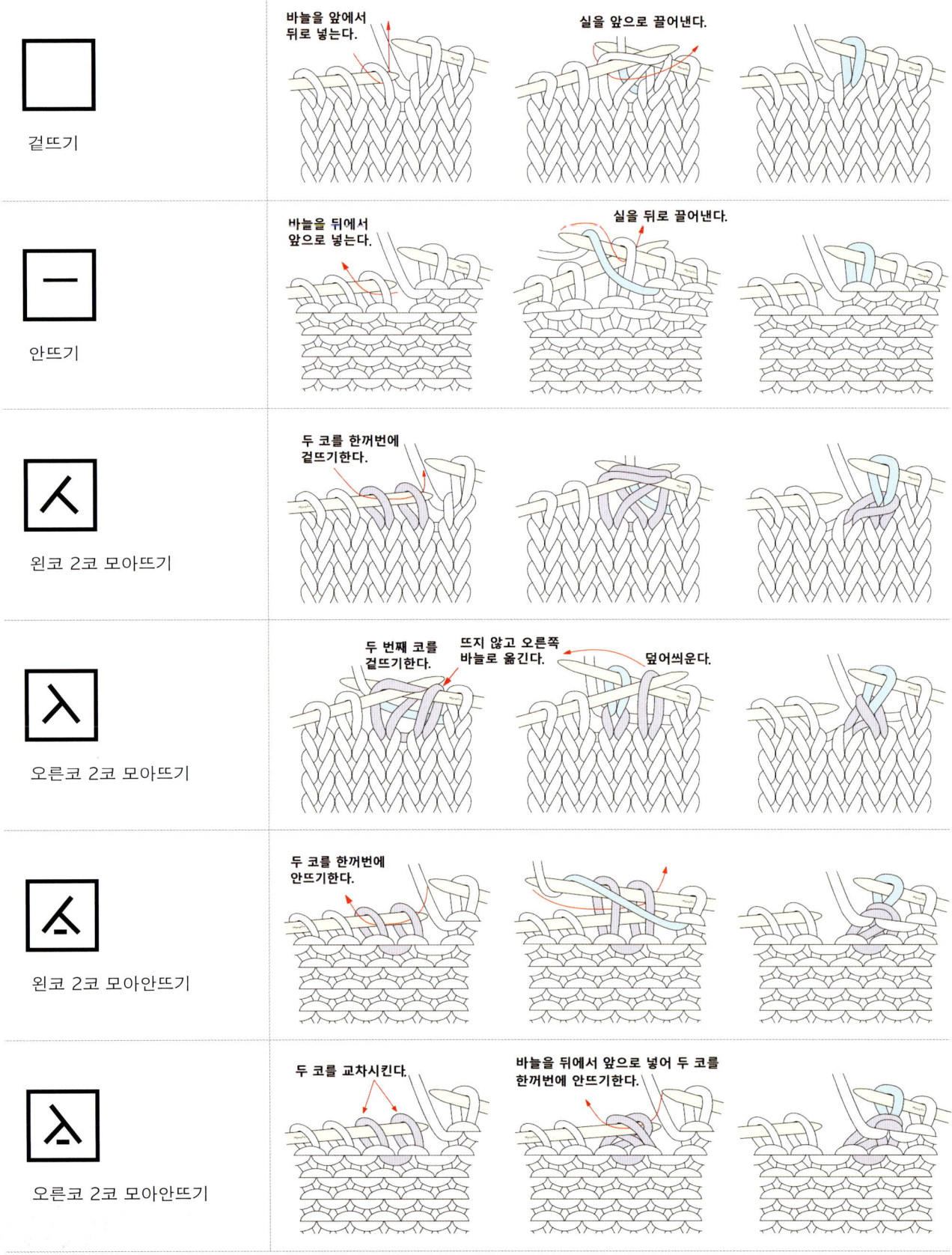

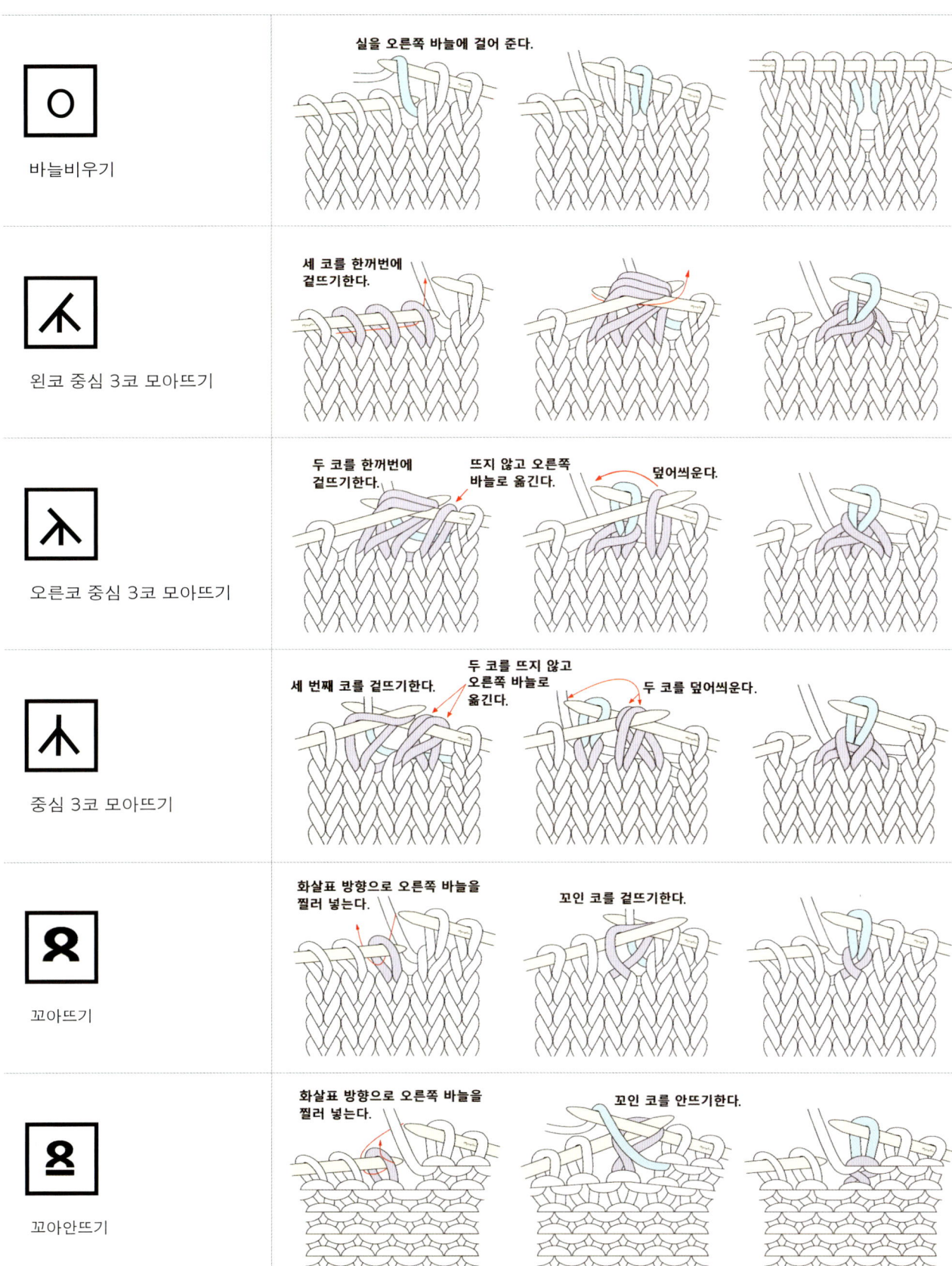

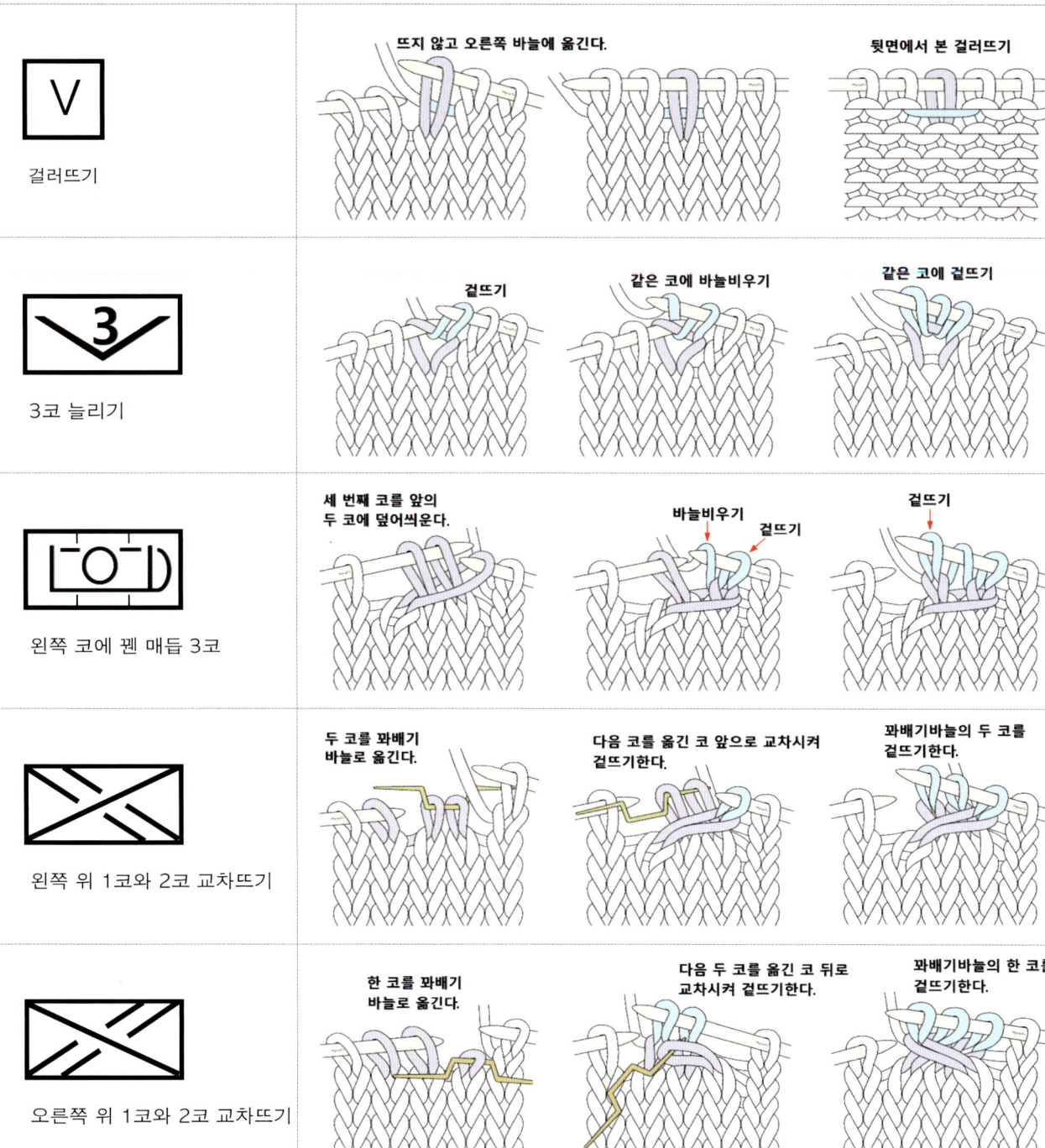

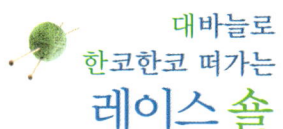
대바늘로
한코한코 떠가는
레이스 숄

2014년 2월 15일 1판 1쇄
2016년 5월 15일 1판 2쇄

저자 : 김미정
펴낸이 : 남상호

펴낸곳 : 도서출판 **예신**
www.yesin.co.kr

(우)04317 서울시 용산구 효창원로 64길 6
대표전화 : 704-4233, 팩스 : 335-1986
등록번호 : 제3-01365호(2002.4.18)

값 12,000원

ISBN : 978-89-5649-110-3

• 이 책에 실린 글이나 사진은 문서에 의한 출판사의
  동의 없이 무단 전재 · 복제를 금합니다.